朝鮮人とアイヌ民族の歴史的つながり

帝国の先住民・植民地支配の重層性

SEOK Soonhi
石 純姫

寿郎社

目次

朝鮮人とアイヌ民族の歴史的つながり

——帝国の先住民・植民地支配の重層性

朝鮮人とアイヌ民族の歴史的つながり——帝国の先住民・植民地支配の重層性

はじめに

国境やさまざまな境界線を越えて、人々は移動と移住を繰り返してきた。日本文化について語られる多くの言説は、均質で単一な国民国家を基底としたものであったが、近年は古代における渡来文化の痕跡や近隣の東アジア諸国との交流や交易など、日本文化における民族の多様性や重層性を検証する研究が主流となっている。東アジアにおいても、人の移住や文化接触は長く継続してきたものと考える。

近代期における近隣諸国から日本への人口移動と移住は、植民地支配や戦時期の労務動員などの歴史的要因が大きく関わっているが、近年では、戦前からの日本における人口移動全体についてまとめた研究が出されている（蘭信三編著『日本帝国をめぐる人口移動の国際社会学』不二出版、二〇〇八年）。また、北海道における研究としては、戦時期の強制労務動員についての調査を中心とした報告書がある（朝鮮人強制連行実態調査報告書編集委員会・札幌学院大学北海道委託調査報告書編集室編『北海道と朝鮮人労働者』ぎょうせい、一九九九年)。

現在の在日コリアンを形成する朝鮮人の日本への移住については、従来、強制的労務動員を中心とした研究が多かったが、北海道における朝鮮人の移動や移住、定住化は、筆者が調査を進めるなかで、これまで語られてきた時期よりもはるかに早い時期であることが明らかになってきた。本書は、北海道において先住民族であるアイヌ民族とさまざまな移住形態による朝鮮人が深い繋がりを形成してきたという近代史の新たな側面を提示するものである。

あまり知られていない朝鮮人の早い時期の日本への移動・移住の要因については、たとえば李氏朝鮮後期の賦税制度の矛盾に不満を抱く民衆と農村の慢性的疲弊から民衆蜂起が頻発していたことが挙げられる。一八六二年には大規模な民衆蜂起として知られる「壬戌民乱」が起こり朝鮮全土に展開していくが、その翌年、一八六三年にロシア沿海州ウスリー地区への朝鮮人の移住が始まっている[1]。そしてその朝鮮人の移動は、ロシア沿海州と同時に、幕末期の北九州地方や西日本の日本海岸などにもあったとする証言が存在する。

また、北海道における朝鮮人とアイヌ民族との繋がりは、前近代期から戦時中にかけてだけでなく、戦後も、より密接な関係を築いていることが明らかになっている。戦後の朝鮮人とアイヌ民族というマイノリティ同士が繋がるコミュニティのなかでは、戦時中以上に複雑な連帯と抑圧と排除が再生産されている。

本書では、現在の北海道における朝鮮人の移住と定住化の形成過程をたどり、その過程で深い繋がりを持ったアイヌ民族との関係に光を当てる。北海道におけるマイノリティの重層的な形成過程を明らかにすることで、近代アイヌ史および在日コリアンの形成過程の研究に新たな視点を提示するとともに、日本におけるマイノリティのアイデンティティーの問題点を探り、多様性に満ちた日本文化の諸相を明らかにしようとする試みである。

さらに、本書で聞き取った証言者たちの個別的・個人的な体験は、世界各地のマイノリティにおける近代の歴史に通じるものでもあると筆者は考える。それは、帝国主義が作り出した被植民地の人々、先住民、マイノリティの人々の間に形成された多様で重層的な繋がりを持つ社会の普遍的な歴史である。

註

1……クージン・T・アナトリー著、田中水絵・岡奈津子訳『沿海州・サハリン近い昔の話――翻弄された朝鮮人の歴史』凱風社、一九九八年、二四三頁

第一章

前近代期における朝鮮人とアイヌ

江戸時代の漂流と漂着

近代以降の朝鮮人とアイヌ民族との繋がりを述べる前に、前近代期における日本と朝鮮半島との関わりについて見ていく。古代から多くの文献が示すように両者の関わりは非常に深いものであったが、江戸時代においては、李氏朝鮮と対馬宗家との交易や全一二回に及ぶ朝鮮通信使の派遣などの他にも、朝鮮人または和人の漂流や相手国への漂着が数多く記録に残されている。その全体像については、池内敏『近世日本と朝鮮漂流民』により、詳細を含めて知ることができる。

池内の研究成果のなかでも、以下の史料の発掘は特筆に値する。朝鮮人とアイヌの人々の最初の接触についての記録である。朝鮮の武官であった李志恒が記述した『漂舟録』に、アイヌと思われる人々との接触と交流の記録が残されているのである。一六九六年(元禄九年)、李志恒を含む八名の朝鮮使節が、四月一七日釜山を出港し、寧海へ到着したが、さらに北上する時に漂流し、五月一二日蝦夷(現・北海道)の島に漂着したというものである。

その島とは松前藩の記録『福山秘府』によると礼文島であるとされているが、李の記述によると、漂着した島は「中腹から山頂は雪でそれより下は草木が生い茂っている山の島」と記述されている。

礼文島中央には礼文岳があるが、標高はわずか四九〇メートルで五月半ばに頂上に雪を頂く高山とは言えない。『漂舟録』の記述にも「泰山」とあることから標高の高い山がある島だったと言える。隣りの利尻島には利尻富士と呼ばれる標高一七二一メートルの利尻山があり、李志恒一行が漂着した島は礼文島ではなく、利尻島であったとするのが妥当であろう。[1]

李が述べるその島の住民たちは、明らかに和人とは異なる風貌と慣習、言語をもつ人々であった。

木皮で編んだ黄色い布地の長い服、或いは熊皮・貂皮でつくった皮服を着ていた。頭髪はほぼ一寸ばかりで、髭はみな結んでおり、長さは一尺、あるいは一把であった。

魚汁一椀と鯨の干肉何切れかをくれたほかは、飯を炊く素振りもなかった。[2]

これは、朝鮮の官吏である李が見聞した当時のアイヌの人々の記述であり、その交流の記録である。この記録からアイヌの人々が和人とは異なる独自の生活形態を維持しており、見知らぬ異国の人々と交流した事実を知ることができると同時に、李志恒ら朝鮮人使節とアイヌ民族との最初の接触が大変友好的なものであったことがわかる。

その後、李一行は松前藩により江戸まで送られ、江戸からは対馬藩によって対馬に送られた後、釜山まで送り届けられている。松前藩と対馬藩による送還の過程においては、朝鮮人使節側が日本側の丁重な応対と漢詩を通じての意思交流を大変好ましいものと感じていることがわかる。

このような朝鮮からの漂流や漂着ばかりではなく日本から朝鮮への漂流・漂着も多かった。池内によると、その数は表1のようになる。

朝鮮から日本へ漂着した朝鮮人は、対馬の「漂民屋《ひょうみんや》」において丁寧に介抱され、食事や衣類が与えられて朝鮮へと送り返された。その跡地が現在、対馬市厳原《いづはら》の小さな漁港に面した場所にあり、厳原教育委員会によって史跡の表示が立てられている。対馬市厳原には、朝鮮との交流に関する史跡が数多くあるが、この漂民屋跡は日本と朝鮮の善隣友好の時代の貴重なしるしである。

史跡に表示されているのは以下のような文章である。

表1　日本と朝鮮の間の漂流・漂着（1599年～1872年）

	件数（件）	人数（人）
朝鮮人の日本漂着	971	9770
日本人の朝鮮漂着	91	1235

［池内敏『近世日本と朝鮮漂流民』臨川書店、1998年より作成］

写真1　「漂民屋跡」史跡看板

写真2　「漂民館」跡地（自衛隊長崎地方協力本部）

『日朝善隣友好を側面的に支えた漂民屋跡』

「漂民屋」は、日本の沿岸に漂着した朝鮮人漂流民を丁寧に介抱し、宿泊させ本国へ無事に送還するための拠点施設であった。この漂流民送還は、国交が断絶していた時代にも変わることがなく、親朝鮮政策として人道的立場から継続され、貿易を復活させる要因ともなった。朝鮮通信使が国家的レベルの華やか交流であったのに対し、漂流民政策は、それを側面的に支えながら日常的に行われた交流であり、江戸時代の善隣友好の基盤を育んだ施設であったといえる。

厳原町教育委員会

写真3　「約条制札碑」

写真4　「約条制札碑」の原型写真

一六七八年から一八七六年の一九八年間、朝鮮の釜山には対馬藩の交易拠点となった草梁倭館があり、五〇〇〜六〇〇名の日本人が釜山に駐留していた。朝鮮時代のこのような倭館は朝鮮と日本が外交と貿易を行う唯一の場所であった。三万三〇〇〇平方メートルの倭館の敷地内の各種施設は、朝鮮政府が設置し、東莱府が出入を管理・統制していた。一七〜一八世紀の草梁倭館は、北方の大陸文物と南方の海洋文物が交流する朝鮮と日本の交流の中心地であり、北東アジア物流の中心地であった。

また、現在「龍頭山公園」となっている草梁倭館の跡地には、交易時代に和人と朝鮮人の接触が多くなったことから密貿易が多発したため、それを取り締まり厳罰に処することを決めた「約条制札碑」も見られる。この碑は草梁倭館の説明碑から二〇〇メートルほど東にある。公園の片隅に建てられた説明碑は狭い階段の中腹にあり、韓国語、日本語、英語、中国語で表記されている。

草梁倭館を基点に二〇〇年近く続いた日本と朝鮮の友好関係も明治期に入って終焉を迎える。その決定的な事件となったのが一八七五年（明治八年）の「江華島事件」である。この事件については数多くの研究があるので概略を述べる。

日本の軍艦〈雲揚号〉が朝鮮領海を侵犯し塩河を遡航した。朝鮮側は江華島に設置していた砲台から雲揚号への砲撃を行った。雲揚号は、自らの挑発的領海侵犯に対する朝鮮の砲撃に対して艦砲射撃を行った後、江華島に上陸し、大砲を略奪した。また隣接した水宋島にも上陸し、砲台を破壊し、民家を焼き払い、住民を虐殺した。そして一八七六年、日本は朝鮮と「日朝修好条規」を締結した。武力を背景としたこの不平等条約により、朝鮮は開国を余儀なくされた。そして、約二〇〇年間維持された江戸時代の友好的な交易の場所である草梁倭館は、日本人居留地へと変貌していったのである。現在、韓国釜山市のこの場所は龍頭山公園となり、豊臣秀吉の朝鮮侵略時に武功を成した李舜臣の銅像が建立し、その功績を顕彰する場となっている。

註

1……西谷栄治「北の海の端に浮かぶ利尻島」『しま』一九三号、二〇〇七年、三六～三九頁
石純姫「前近代期の朝鮮人の移動に関する一考察――北海道における在日朝鮮人の形成過程とサハリンアイヌの関係を中心に」『苫小牧駒澤大学紀要』第一八号、二〇〇七年、一四五～一六六頁

2……池内敏『近世日本と朝鮮漂流民』臨川書店、一九九八年、一四八頁

幕末期から近代期初期のロシア沿海州への朝鮮人の移動

江戸時代に間宮林蔵の調査により、サハリンと大陸側を結ぶ海峡が確認されるが、一八〇九年（文化六年）、間宮はアムール川下流域での調査により満洲仮府が所在するデレンに、朝鮮人が交易のため往来していたことを示すような報告をしている。『東韃地方紀行　巻之中』[1]のなかで、満洲仮府について記述している部分に、

其集夷西（正確には西南）は朝鮮界に発し、東（正確には東北）は魯斉亜の境界より来り、諸品を交易するの間、大抵五、六日留滞して帰り去る者、林蔵至りし頃猶五、六百人留在すと云

という記述がある（一三五頁）。五、六日の滞在で交易を行っていた人々が常時五〇〇～六〇〇人いたとしている。ここには「朝鮮人」という記述はないものの、西は「朝鮮」から東は「魯斉亜（ロシア）」の国境までと記されている。素直に考えて、そこで交易を行っていた人々のなかに朝鮮人が含まれている可能性は全く否定できないのではないだろうか。

実際、間宮林蔵が記した『窮髪紀譚』[2]にも、

満洲の官人、林蔵に其方朝鮮の暦にては不自由なるべしとて、時憲暦を贈りたる事あり。朝鮮人とおもひしなるべしにぞ。

という記述がある(一六九頁)。間宮林蔵を見て満洲官人が朝鮮人だと思ったというものである。この地域に朝鮮人が来訪し滞在することがそれほど珍しいことではなく、むしろ日本人が訪れることの方が稀であったということが言えるのではないだろうか。

アムール流域における交易については「山丹交易」として研究が蓄積されているが、間宮林蔵の記録に朝鮮人についての記述があることについてはこれまでほとんど触れられてこなかった。このことは後述する、幕末から明治初期にかけての北海道日高に居住していた朝鮮人の来歴を、前近代における樺太《からふと》アイヌと沙流川《さるがわ》アイヌとの交易ルートから辿ることができるのではないか、という筆者の仮説とも関わってくる。

いずれにしろ、間宮のアムール調査からわかることは、アムール流域の交易に朝鮮人が恒常的に参加していた可能性があるということである。この地域における朝鮮人の定住化に直接繋がるものではないが、アムール流域の交易を通じてサハリンへ渡航する朝鮮人もいたと言ってよいだろう。

一八六〇年一〇月、清と英仏露間で北京条約が結ばれた。一八五六年に始まった清と英仏のア

ロー戦争の講和条約である。それを仲介した代償として、ロシアはウスリー江以東の地（沿海州）を清から獲得し、ウラジヴォストーク（「東方を支配せよ」の意味）の軍港を建設した。朝鮮じたいは無関係であったこの清と英仏露間の条約により、朝鮮はロシアと国境を接することになった。沿海州には、ロシアのカザーク（コサック）のほかに、一八六三年以降、朝鮮人農民の移住が始まる。

一八六七年から二年間、ウスリー地方に滞在したロシアの旅行家N・M・ブルジェヴァリースキーによる調査では、一八六七年には一八〇〇人だった朝鮮人が一八八四年には約九〇〇〇人がロシア領内に定住していたとしている。ロシアと朝鮮との通商条約は一八八四年に締結されるが、それ以前はいわゆる「密貿易」が国境付近で行われていた。朝鮮政府は鎖国政策を固持する建て前上、「ロシア政府に抗議をするも、ロシア政府は朝鮮人移民を好意的に受け入れていた」という。[3]

しかし一八八八年にロシアと朝鮮との間に成立した「陸上貿易規定」の二条四項によって、朝鮮人の移住は停止されることになる。国境を越えロシアに入国することは、朝鮮政府の発行する特別な許可書を所持しない場合は禁止されることが明文化されたのである。この条約締結の予備交渉において、朝鮮政府は移住の停止だけではなく、ロシア領土内の全ての朝鮮人の無条件送還も主張したが、「規定」以前にロシアに定住した朝鮮人については、結局、本人の自由意志による帰国の権利とその際の旅券の発給が保障されることとなった。その当時、沿海州には男女併せて一万二〇五〇人の朝鮮人が定住しており、その他に毎年約六〇〇〇人が出稼ぎにやってきていたという。[4]

このような朝鮮人のロシアへの移動の背景には、朝鮮における農村の慢性的な疲弊状況があり、一九世紀後半のこの時期にはそれが臨界点に達していたとみられる。[5]

趙景達『朝鮮民衆運動の展開』によると、一九世紀中頃の朝鮮の税制は「都結」という「商品貨幣経済の発展を背景に、各種の租税を一括して土地に賦課し、貨幣で徴収する租税形態」で、「身分差的租税徴収を解消して安定的租税徴収を見込み得る近代的性格を秘めた租税形態であった」とされる。しかしこの税制は「饒戸・富民」への過重負担となり、都結の実施が郷村社会の不満を慢性化させていたという。一八四六年当時、慶尚道普州奈洞里では六パーセントの富農が四四パーセントの農地を、六三パーセントの貧農が一八パーセントの農地を所有していたが、その後、一八五八〜一八五九年の間に三三〇〇戸の流浪民が出て「一境が空虚となるのは朝夕の間の事である」と言われた。[6]それが、一八六二年には「壬戌民乱」とよばれる民衆の一大騒擾となって朝鮮全土に展開していき、一八六三年からロシアウスリー地方への朝鮮人の移住が始まるのである。

一八八四年の通商条約締結後に、ロシア人によるさまざまな朝鮮の学術調査が始まるが、朝鮮全土にわたる五つの旅行記を集めたゲ・デ・チャガイ編纂による『朝鮮旅行記』から、当時の朝鮮の農村の困窮状況とロシア国境における朝鮮人の状況を知ることができる。『朝鮮旅行記』に所収されている次の紀行文には、条約締結前の「密貿易」の時期から締結後にかけて、朝鮮から多くの家畜がウラジヴォストークに送られていることについて、[7]

これから朝鮮は牛が豊富であると結論を下すのは早計であろう。却って、朝鮮の牛はその絶対数でも、家畜間の頭数比においても非常に僅かであって、われわれは朝鮮から、余剰分の牛ではなく、住民が貧窮から、ならびに飼育するのが困難となって手放した牛を得ているのである。[8]

というように、朝鮮の農村における深刻な貧困について述べられている。

その状況を生み出している要因について考察した同時期の文章をいくつか見ていくことにする。『朝鮮の現況(一八八五年)』を著わしたアムール州総督官房付の公爵ダデシュカリアニは、封建制朝鮮の土地所有と階級構成を解明しており、朝鮮の奴隷やその他の被抑圧階級が南ウスリー地方へ「逃亡してくる動機」は、土地の不足や低生産性ではなく、「土地に対する完全な無知」に起源があると断言している。[9]

そしてこの頃、日本から来た測量技師たちが朝鮮各地で土地の測量を行うとともに金の探索を行っている。

彦陽縣の町では、七名の日本人技師よりなる測量隊に遭遇した。私は日本の測量技師の作品を見たことのある人々の言辞を引いて、色々と褒め上げたにもかかわらず、測量技師たちは自らの作品を見せてはくれなかった。測量は平板を用いて行われており、平板の三脚が屋外に立っていた。われわれに随行した役人が現地住民から聞いた話によると、日本人たちは元山の町から釜山の町へ向けて測量を実施したほか、町の西方約八霧里の山中では金の探索も行ったそうである。[10]

この記述から一〇年後には、次のような記述が見られるようになる。

六〇名からなる日本人測量技師が、朝鮮を仔細に測量するため元山から四方八方へ、主として北部へ向けて送り出されている。彼らもやはり至るところで、しつこく官舎の割り当てを要求したり、婦女の陵辱などで、いずれに際しても莫大な金を朝鮮人へ支払いはするものの、民衆の敵意を買ってきた。[11]

日本の測量技師たちと朝鮮人との間に軋轢が絶えないようすが記述されている。そうした測量技師たちの護送隊として日本から兵卒が送りこまれることもあった。[12]近代的土地所有概念に対して「無知」な朝鮮人の土地制度の間隙を縫うようにして、日本は非常に早い段階から朝鮮の土地の収奪を周到に進めていたことがわかる。

農村ばかりではなかった。金鉱山においても同様であった。

これはましな鉱山と言われるが、朝鮮人労働者の受取る賃金はごく僅かで、元山にて日本人へ金を売りさばく役人たちの懐に全てが入ってしまう。(中略)勤労の民は非常に貧しくて、飢えている。その一人は、私の仕留めた雉から肉片を歯で毟りとるや、その場で食べてしまった。鉱山の近くに村があって、労働者らはそこで食事し、酒(焼酎)を買い、給料には手を付けないで、ほとんど裸同然でうろついている。[13]

こう述べるのは『ソウルから北朝鮮を経てポシェートに至る徒歩の旅日誌』を書いたパーヴェル・ミハイロヴィッチ・ヂェロトケヴィチである。彼は一八八五年一二月六日にロシア人所有の汽船〈バイカル号〉でウラジヴォストークを出航し、一二月八日に長崎に着き、そこから日本の三菱の汽船〈美濃丸〉で一二月一四日に朝鮮の済物浦港へ向けて発ち、翌年一月一四日から馬で朝鮮を北上する。ここに書かれている鉱山には、一月二九日に辿り着いた。永興から約三〇露里(約一二〇キロ)の険しい峡谷にある金鉱山である。そこでは中国人たちも採掘をしていた。腐敗した李朝末期の役人制度と日本の資本が介入しているこうした鉱山などにおける苛酷な搾取の状況が非常に深刻であることも述べられている。

さらに、二月一二日の日誌には、城津《ソンジン》を出発し、人口が稠密な川岸の村を通りながら「ここからは好天の日に四、五日かけてあまたの朝鮮人がこの道を通ってヴラヂヴォストークまで往来する。北青からも道中に六、七日を費やして、多くの人々がヴラヂヴォストークを往復している」[14]と書いている。ウラジヴォストークからはティクロウス綿、コレンコル綿、白ドレル綿が主にボートで運搬され、大牛や銀・鉛鉱なども朝鮮の通貨で取引されていたという。

そしてロシアウスリー地方に移住してきた朝鮮人たちは、少しの蓄えができると朝鮮に帰郷する例が数多くあった。たとえば北青の南方約二〇〇キロのところに洪原という小さな町があり、そこの郡守は以前ロシアの「カーメニ・ルィバローヴァ付近で平凡な農民として二七年間暮らした朝鮮人」であり、「激烈なる親露主義者で、心底から日本人を憎悪している」[15]とヂェロトケヴィチは書いている。

ところで、このようにロシア沿海州に移住した朝鮮人が、さらにサハリンへ渡航している例がある。それが近代期における朝鮮人の北海道移住へのひとつのルートとして考えられるのである。[16]

アナトリー・T・クージンは、一八六二年にロシア沿海州に移住してきた朝鮮人は、ポシェット地区チジンへ川沿いに定住化していくことを示す公文書を明らかにしている。[17]その後、一九〇五年に終結した日露戦争により、大韓帝国は日本の保護国となり、朝鮮人のロシアへの大量移住が進む。当時のロシアの新聞には次のような記事が見られる。

日本の為政者らは、やすやすと手に入れた勝利に酔いしれ、欲望と衝動に身を任せている。朝鮮はそのいたるところ暴動や無秩序、略奪に呻吟している。法の裁きは銃と剣にとってかわられ、日本の残虐行為に抗して助けを呼ぶ声がソウルからひそかに聞こえてくる。

(『沿アムール報知「プリアムールスキエ・ヴェドモスチ」』一九〇六年)[18]

日本が朝鮮を植民地化した一九一〇年以降は、政治的危険分子は朝鮮から一掃され、土地を奪われた朝鮮の農民たちがロシア沿海州へとなだれ込む。日本の占領によって一・〇九ヘクタールあたり少なくとも朝鮮人農家二世帯が土地を失ったとされる。[19]

このような経緯でロシア沿海州に移住した朝鮮人は、一九一七年のロシア革命以降のソビエト政権下における複雑な政治的状況のなかで、朝鮮人自治領域を創設し、朝鮮人学校を運営し、定住化を本格的に進めていくのである。

註

1……間宮林蔵『東韃地方紀行　他』平凡社、一九九六年
2……間宮林蔵述・古賀侗庵編『窮髪紀譚』(間宮林蔵『東韃地方紀行　他』平凡社、一九九六年所収)
3……ゲ・デ・チャガイ編『朝鮮旅行記』平凡社、一九九二年、一一頁
4……ウェーベリ「一八八九年夏の朝鮮旅行」、一五四〜一五五頁
5……趙景達『朝鮮民衆運動の展開――士の論理と救済思想』、三八頁
6……同前、三八〜三九頁
7……ヂェロトケヴィチ「ソウルから北朝鮮を経てポシェートに到る徒歩の旅日誌(一八八五年一二月六日―一八八六年二月二九日)」、五三頁
8……カルネイエフ、ミハイロフ「一八九五―一八九六年の南朝鮮旅行」、二九二頁
9……ダデシュカリアニ「朝鮮の現況(一八八五年)」八一頁
10……カルネイエフ、ミハイロフ「一八九五―一八九六年の南朝鮮旅行」、一八八頁
11……同前、三三二頁
12……同前、二八〇頁
13……ヂェロトケヴィチ「ソウルから北朝鮮を経てポシェートに到る徒歩の旅日誌(一八八五年一二月六日―一八八六年二月二九日)」、三六頁
14……同前、五一頁
15……アリフタン「一八九五年一二月および一八九六年一月の朝鮮旅行」、二八〇頁
16……この聞き取り調査は、二〇〇六年度科学研究費補助金「東アジアにおける戦争・植民地記憶の保存と表象に関する国際的総合研究」(研究代表者　東京学芸大学　君塚仁彦)のサハリン調査(二〇〇七年八月三〇日〜九月五日)により石が行ったものである
17……アナトリー・T・クージン著、田中水絵・岡奈津子訳『沿海州・サハリン近い昔の話――翻弄された朝鮮人』凱風社、一九九八年、二二頁
18……同前、二四頁
19……同前、二四頁

第二章

近代期における朝鮮人とアイヌ

近代期初期における朝鮮人の移住と定住化

朝鮮人の日本への漂着は、明治期になっても続いていた。明治初年に北海道開拓使から、漂流朝鮮人に関する触書が出されている。次の史料は、北海道立文書館所蔵の『御布告書』並びに『日本人朝鮮国江漂到云々外三件被仰出書』から抜出したものである。

［史料1］　『日本人朝鮮人相互に漂着の節、取扱方に付申達』明治元年、北海道立文書館蔵

一　日本人朝鮮国江漂到候節ハ於彼国厚ク取扱釜山浦草梁頂之地ニ　和館ト称シ宗対馬守家来詰相合候場所江送届漂着之次第書翰ヲ以て申越其上対州江迎取漂人之国所最寄ヲ以長岬府或ハ大坂府江送り届其府より其領主江引渡申候事

一　朝鮮人本邦之内所繰り返しこう漂着候節者其最寄之府藩県より長崎府江送り届其府ニおゐて漂流之顛末相糺シ衣糧給与船艦修理之上対馬守役人江引渡夫より長崎府之浦触ヲ以て対州江為迎取候事

但浦触之主意者朝鮮人薪水乏敷風波悪敷候節ハ給与候て可相通との触ニ候事

一　漂人長崎府より対州江迎取候上対州ニ而更ニ使者相附彼国へ致護送候事
一　漂人之内死する者あれハ棺斂して送り日本之地ニ不葬候事
右之通被　仰出候間此段申達候事
六月

［史料2］『日本人朝鮮国へ朝鮮人日本国へ漂着ノ場合ノ取扱ニ付仰出ノ件』明治元年、北海道立文書館蔵

一　日本人朝鮮国江漂到候節者於彼国厚く取扱釜山草梁頂之地ニ和館ト称シ宗対馬守家来詰合候場所江送届漂着之次第書翰ヲ以申越其上対州江迎取漂人之国所最寄ヲ以長岬府或ハ大坂府江送届其府より其領主江引渡申候事
一　朝鮮人本邦之内江漂着候節者其最寄之府藩県より長崎府江送届其府ニ於て漂流之顛末相糺衣糧給与船艦修理之上対馬守役人江引渡夫ヨリ長崎府之浦触ヲ以て対州江為迎取候事但浦触之主意ハ朝鮮人薪水乏敷風波悪敷候節ハ給与可相通との触ニ候事
一　漂人長崎府より対州江迎取候上対州ニ而更ニ使者相附彼国江致護送候事
一　漂人之内死する者アレハ棺斂して送り日本之地ニ不葬候事右之通被　仰出候間此段申達候事
六月

これらの史料を要約すると以下のようになる。

「朝鮮人が日本に漂着した際には、最寄りの府県から長崎府に送り、そこで漂流の顛末を聴取し、衣糧を給与し、船艦を修理した上、対馬に引き渡し、そこから長崎府の浦に触書を以て対馬まで迎えに来ること。但し朝鮮人が薪水が乏しいか、天候が悪い時には給与して送り届けること。また、漂着した朝鮮人が長崎府から対馬に迎え、朝鮮の使者に護送したことを伝えること。漂人の中で死者があれば棺を斂じて送り日本では葬儀を行わないこと」

江戸時代を通じて、対馬藩を全面的な仲介者として朝鮮と交易や交流を行ってきた日本は明治政府が誕生した後も、これまで同様朝鮮との良好な関係を維持しようとしていたことがこれらの史料からわかる。漂着した者に対する丁寧な扱いや細かな配慮など、江戸時代の漂着に関する取り決めと変わらない指示が開拓使から出されていることが注目される。明治期に入っても、「征韓論」が台頭する以前には、朝鮮との関係を友好に保つ態度が見られたのである。

それが、五年後の一八七三年(明治六年)になると、漂流者の扱いが変わってくる。[史料3]は、防衛庁資料室所蔵の『太政官布達　四』(明治六年)である。

[史料3]　『戊辰六月布告朝鮮國漂流人取扱規則第二條左ノ通改正候條此旨布告候事』

明治六年八月三日　防衛庁資料室蔵

一　朝鮮人本邦ノ内所々へ漂着候節ハ薩摩備前等長崎ニ便宜ノ地方ハ長崎懸廳へ送届
佐賀懸下唐津ヨリ東北筑前豊前長門石見出雲等其他諸州へ漂着ノ節ハ其所轄廳便宜ノ海濱
ヨリ直ニ對州長崎懸支廳へ遞送可致事

［史料4］『辛未四月外國船漂着ノ旨取扱方布告中朝鮮國ノ船ハ清國同斷ト有之候處元来朝鮮國船ノ儀ハ其製造堅牢ナラス遠海ヲ航行スヘキ具ニアラサレハ左ノ通改正候條此旨布告候事』明治六年八月三日　防衛庁資料室蔵

一　朝鮮國ノ船漂着ノ節其船修復ヲ加ヘ候上乗組人ヨリ歸國ノ儀申出候トモ洋中ノ危患不可保ヲ諭シ同國漂流人取扱規則第二條ニ照遞送可致且雑費ノ儀ハ當人資財ノ有無ニ關セス都テ其所轄廳ノ公費ニ可立事

但修復ヲ加ヘ候船ヲモ送還スヘキ節ハ必ラス相當ノ元船ヲ用ヒテ之ヲ引カシメ漂人共ハ元船ニ為乗組可申尤雑用立船ハ本人承諾ノ上公札拂ニシ其代償ハ本人ニ賄與スヘキ事

［史料3］では、朝鮮人・朝鮮船の漂着地が薩摩・備前など長崎に便宜がある件については長崎県庁を通じて送還させ、佐賀の下唐津より東北の筑前・豊前・長門・石見・出雲など、その他のところについては所轄する県庁の港から直接対馬に送還することとなっている。また［史料4］は、朝鮮の船は清のものと違い堅牢ではないので長い航海には向いていないことから規則を改めたというもの。船の修復には所轄の公費を充てること、送還の際には元の船と同程度の船で曳航し、公費を与えることが指示されているが、雑用がある船は本人の承諾を得てその費用を支払ってもらうことにもなっている。

写真5　『本邦在留朝鮮人、鳥獣免状請求ノトキハ遊猟免状下付方ノ件　（札幌県）』

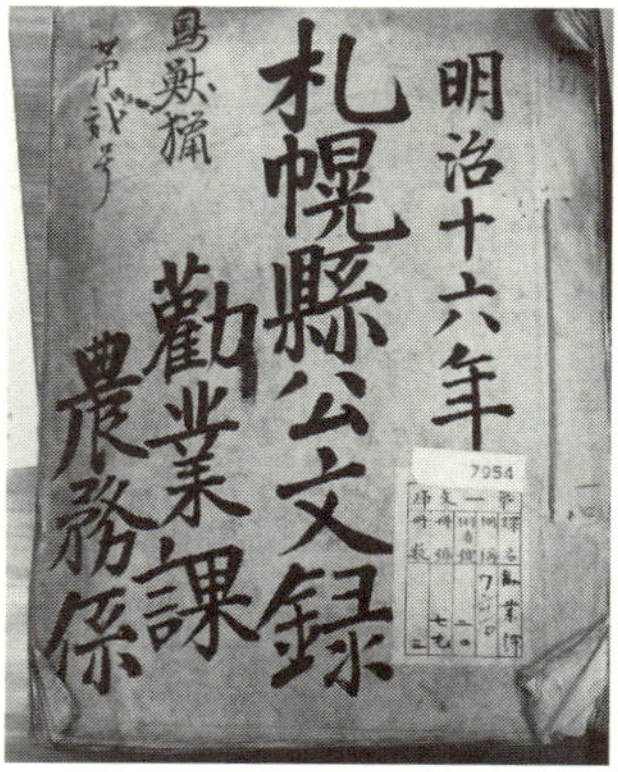

写真6　同上

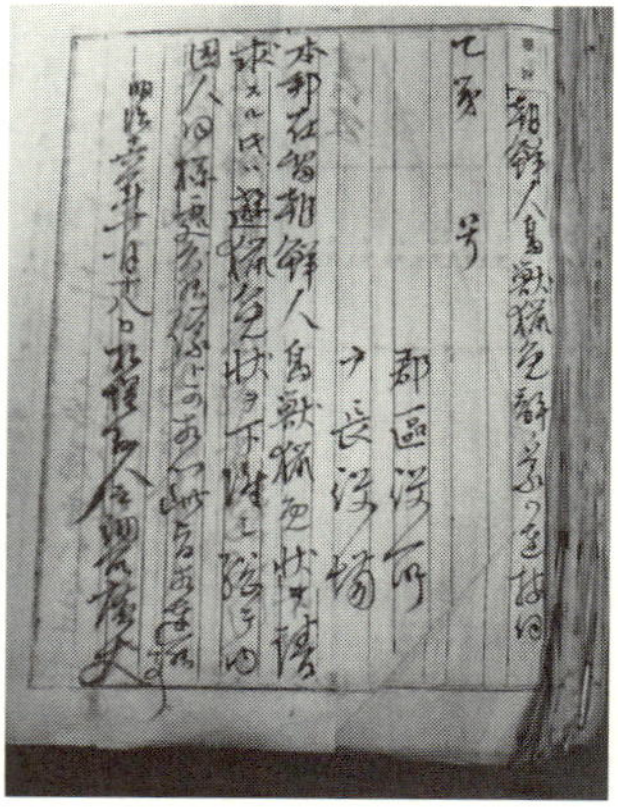

ところで朝鮮人が日本へ移住したという記録は、朝鮮が日本の植民地となる一九一〇年以前から数多くある。また、日本人の朝鮮への移住の記録も数多く存在する。一九〇五年には、朝鮮各地で日本人測量士たちが測量を行っていたことは前章におけるロシアの文献からも明らかである。[1] この時期、日露戦争に勝利した日本は、朝鮮を保護国化した時期であり、朝鮮全土の測量は植民地化を想定してのものと言える。また一方で、日本の鉄道工事である山陰線敷設工事において、朝鮮人労務者が動員されている事実もある。[2]

北海道立文書館所蔵の史料である一八八三年（明治一六年）の『札幌県公文録　鳥獣猟　勧業課農務係』には次のような記述がある。

〔史料5〕　『本邦在留朝鮮人、鳥獣免状請求ノトキハ遊猟免状下付方ノ件（札幌県）』明治一六年、

北海道立文書館蔵

明治一六年
札幌懸公文録鳥獣猟
勧業課農務係
第廿六　朝鮮人鳥獣猟免許ノ本邦在留朝鮮人鳥獣猟免状チ請求スル時ハ遊猟免状チ下付シ総テ
内国人同様に処分□偽トス
明治一六年一〇月一八日札幌

アイヌ民族への強圧的同化政策のもと、アイヌ民族の狩猟・漁労が制限される一方で、朝鮮人に対する鳥獣狩猟を日本人と同様に許可するとした文書の存在は特筆に値する。なぜなら朝鮮人の定住化がこの時期の北海道において進んでいたことを物語っているからである。なお、統計上北海道に朝鮮人が現れるのは一九一一年(明治四四年)であり、人数は六名である(三五頁の表2参照)。その二八年前に朝鮮人から鳥獣猟許可の申請があり、それを札幌県勧業課農務係が日本人同様の取り扱いをすることを許可していることになる。

しかしその一方では、漂着した朝鮮人について

写真7　同上

［写真5〜7の文書はいずれも、1883年、北海道立文書館蔵］

対馬を通して送り届けることが一八八八年(明治二一年)まで行われていた。ただしこれは鹿児島や岡山など長崎に近い地域への漂着の場合である。そうした地域から遠く離れた北海道においては、すでに朝鮮人がある程度定住化していたと考えられるのではないだろうか。

註

1……西謀本部カルネイェフ大佐、ミハイロフ中尉「一八九五―一八九六年の南朝鮮旅行」(初出は『アジア地理・地勢・統計資料集』第七五分冊、サンクトペテルブルグ、一九〇一年刊)、ゲ・デ・チャガイ編、井上紘一訳『朝鮮旅行記』平凡社、一九九二年、一八八頁、三二一〜三二三頁

2……小松裕・金英達・山脇啓造編『「韓国併合」前の在日朝鮮人』明石書店、一九九四年

明治期初期のアイヌ集落における朝鮮人の定住化

北海道において最も早い時期の朝鮮人の移住と定住化を示唆する戸籍の存在がある。それは一八七〇年（明治三年）に平取《びらとり》町のアイヌコタンで朝鮮人男性とアイヌ女性との間に長子が出生したことを記すものである。戸籍の記載は以下のとおりである。

「父ノ氏名知ルコト能ハサルニ付其記載省略」
出生の経緯「出生ノ場所届出人ノ資格氏名並届書受附ノ年月日ヲ知ルコト能ハサルニ付キ其記載省略」

この戸籍について筆者は、二〇〇五年九月一〇日、札幌市にて複数の立ち合いのもと聞き取り調査を行っている。その戸籍の複写も現存する。現在、その戸籍を提示してくれたインフォーマント（情報提供者）は逝去されたが、図1におけるEの方である。Aの方——つまりEの祖父にあたる方が一八七〇年（明治三年）に平取町で出生した本人となる。Aの妻Bもサハリンアイヌとロシア人との間

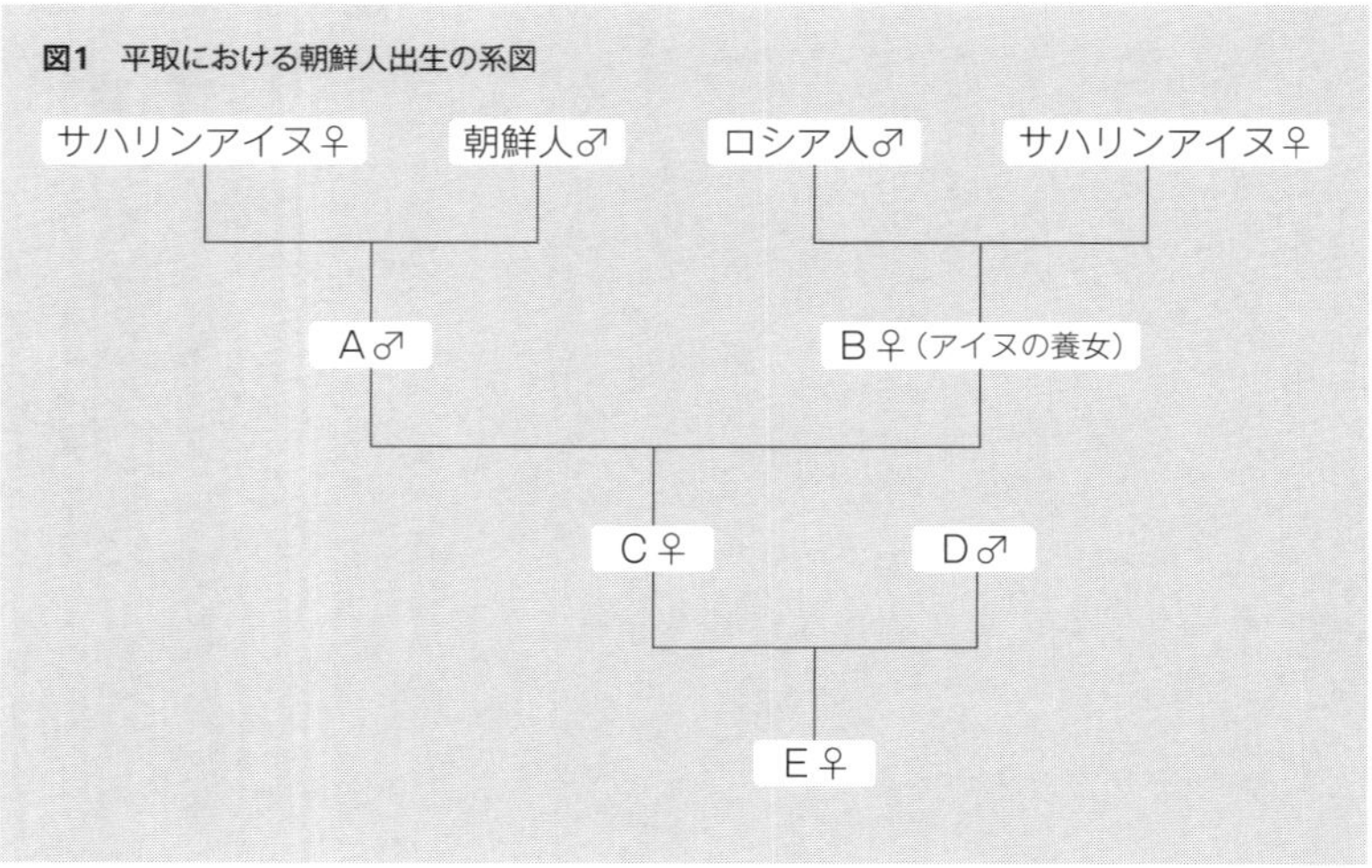

図1　平取における朝鮮人出生の系図

に生まれた子どもで、平取のアイヌの家に養女となっている。

戸籍には「父母ノ氏名及父母トノ続柄知ルコト能ハサルニ付其記載省略」という記載があるが、EがCから聞いたのは、Cの祖父が朝鮮人ということだった。これらの関係を示したのが図1である。

朝鮮人移住が定住化につながっていった例として記録されたものとしては、一八七〇年の北海道平取町のアイヌコタンにおけるこの戸籍が最も早いものと言える。

北海道における朝鮮人の人口が統計に表われるのは先述したように一九一一年の六名である（表2）。この六名の職業を内務省警保局「明治四十四年中内地在留朝鮮人ニ関スル調」（一九一一年）で見てみると、学生一名、漁業二名、労働者三名となっており、全て男性である（表3）。この統計は月ごとに記録があり、一九一一年の四月から九月の間に、北海道在住の朝鮮人は次第に増え一六人になる。一六人

表2 日本における朝鮮人人口推移

年度	全国(人)	北海道(人)
1911	2,527	6
1913	3,635	41
1917	14,502	1,706
1930	298,091	7,711
1939	961,591	38,700
1943	1,882,456	172,393
1944	1,936,843	259,330

[『社会運動の状況』(第五巻在留朝鮮人)、「明治四十四年中内地在留朝鮮人二関スル調」(内務省警保局)、『特高月報』『北海道庁統計書』『北海道と朝鮮人労働者』『民団ホームページ』より作成]

表3 1911年当時の北海道在住朝鮮人の職業内訳

	学生(人)	漁業(人)	労働(人)	その他(人)	雑役(人)	無職(人)	計(人)
1月末	1	2	3				6
2月末	1	2	3				6
3月末	1	2	3				6
4月末	1	3	3				7
5月末	2	1	5	1			9
6月末	2	1	7			1	11
7月末	1	1	8	1			11
8月末	1	1	8	1			11
9月末	1	1	12		1	1	16

[内務省警保局「明治四十四年中内地在留朝鮮人職業別調」1911年より作成]

のうち、女性は一名となっている。

このように統計に記録された明治後期の朝鮮人の数は一六人であるが、筆者の調査から、その統計がとられる前の一九〇七年(明治四〇年)前後に徳島県の鳴門地方から北海道日高地方へ「馬喰《ばくろう》」として移住した朝鮮人の存在が確認されている。その朝鮮人は男性で、鵡川《むかわ》でアイヌ女性と所帯を持っていたことも明らかになっている。この事例が西日本からの朝鮮人の北海道への移住の早い時期の例だと考えられる。次節で詳しく述べるが、「馬喰」として西日本から北海道へやってきた朝鮮人たちがやがて定住化していくのである。これらの人々は統計上記録されていない。

淡路島から北海道への和人の移住と朝鮮人

徳島藩と淡路島の稲田家は、長年にわたって複雑な関係が続いていた。そして版籍奉還をきっかけに「稲田騒動」「庚午事変」と呼ばれる事件に至った。この事件についての詳細は、平瀬金蔵『稲田騒動』、それをもとにした『静内町史』[1]、郷土史研究家高田知幸氏による講演会資料集『北の百年』[2]に詳細が記されている。概略を述べると、戦国時代、織田信長のもとで阿波の蜂須賀氏と盟友だった稲田氏が、秀吉の時代に功績の俸禄を辞退して蜂須賀氏に譲り、稲田氏は洲本城代になった。表向きは主従関係であったが、稲田家は大名並の石高があり、徳島藩をはるかに凌ぐ重臣・家臣数を有していた。

徳島藩は稲田家を家臣として見做す一方、稲田家は徳島藩に名誉を譲った意識が強く、主従関係ではなく、対等な士族であるという意識があった。一八六九年（明治二年）の版籍奉還の際、稲田家が家老以外卒族（従卒）となり、一挙に碌を失うことになった。稲田家から本藩同様の取り扱いをするよう藩庁へ度重なる陳情が行われたが、却下され続けたため、稲田家の家臣のなかから徳島藩からの分離独立運動が起こり、勤皇運動において親しい関係であった岩倉具視、有栖川宮へ直訴した。

こうした経緯から、中央政府は稲田家に北海道開拓を命じ、徳島藩にその費用を負担させることで事態の収拾をはかった。しかし稲田家・徳島藩双方がこの命には応じず、徳島藩が武力によって稲田家を制圧しようとした。一八六九年(明治二年)五月一三日に、徳島藩は八〇〇人の兵隊と大砲四台により、稲田家の別邸や教育所であった益習館、重臣宅を襲撃した。これに対して稲田家は無抵抗だったが、女性と子どもを含む三七人が死傷し、二人が自殺に追いやられた。これが「庚午事変」である。

このような事件の結果、明治政府は稲田家に対して一八七〇年(明治三年)、北海道への移住を命じた。稲田家は旧所領一万四〇〇〇石をまとめて兵庫県に移し、徳島藩から分藩し、開拓費用を兵庫県から捻出させた。

稲田家が政府から命じられた開拓地は静内《しずない》郡と色丹《しこたん》島だったが、徳島藩が「開拓」を命じられていた新冠《にいかっぷ》郡をも「支配」することが命じられた。

一八七一年(明治四年)五月二日に稲田の家臣団は、静内・新冠に到着した。ここで稲田家の人々は初めてアイヌの人々と接触した。そのときの様子が記録に残っている。

静内郷土人は総て染退川沿岸に住し、鮭乾魚及鹿肉の干したるもののみを常食とするを以て、毫も耕作をなすものあらず[3]

この記録では、北海道は「土人」とされるアイヌの人々が漁労や狩猟を行っていた未開の地として記述されている。これは、『開道五十年記念北海道』（再版）において、編著者である函館鴻文社主幹の澤石太の序の記述にある視点と同様である。

> 我北海道の地たるや、蝦夷と称して、久しく茹毛飲血習を為せる夷族の蹂躙に委したけれども[4]

「茹毛飲血習を為せる夷族」――即ち生肉を食べ、その血を飲む野蛮な民族というのが北海道に先住していたアイヌ民族への認識であった。また、「蹂躙に委した」とは、〝暴力によって踏みにじることを放置していた〟ということである。当時のこうした意識によってなされていく「開拓」がどのようなものであったか、公的記録や郷土史などに多くの記述が残されている。

『開道五十年記念北海道』は、道外から北海道へ移住し、苦難の末に成功した人々を顕彰するために編まれたものだが、そこには淡路洲本から静内へ移住し、畜産業によって財を成した人々の記述が少なくない。そのなかには、アイヌの人々の新冠姉去《あねさる》から貫気別《ぬきべつ》への強制移住に関わった浅川義一の記録もある。『開道五十年記念北海道』で「地方農業界の新鋭」として顕彰されている浅川義一の記述の一部を抜出してみる。

> 明治四〇年四月新冠御料牧場舊土人の給與地の監理《ママ》を命せられ爾後専ら土人の授産方法を講じて物質精神両界の開拓に努力する事實に十星霜、後大正四年に至り河流郡貫気別の土地の給與を受くるに至れり、先之二千有餘圓の土人の貯金を為さしむあり、於是如何にせば彼等土人

をして安心立命の域に達しむべきやの點に關じ焦心苦慮の結果、實弟健茨郎を彼地に派し土人に對する犠牲的好情けを以て彼等を指導誘掖せしめ其成績好良なるものあり、義一多年の努力は土人の授産上及其精神界に多大の効果を寄与したるもの甚大なり、今や御料牧場貸地の耕作に従ひ資産年と共に加はり同地屈指の新智識として盛名綽々たり[5]

新冠の御料牧場の管理を任され、アイヌの人々を指導したということだが、実際はアイヌの人々の貯金二〇〇〇円を使用して、彼らを上貫気別という奥地へと移住させたのである。そして自らは御料牧場で資産を増やし、屈指の名士となったということである。

また、静内に移住してきた稲田家の人々のなかに、平取の貫気別・振内《ふれない》でクローム王となった八田満次郎という人がいる。八田がその生涯を語った著述には「日高の馬か、馬の日高かと言はるる日高は、和人の移住後は農業方面の開拓は餘り思はしくなかった。原始的な漁業の外に日高國の進むべき途は、畜産日高であることが先覺者により提唱實行されつつあった」とある。[6] この日高地方の馬の育成が朝鮮人の北海道移住に密接に関っている。

稲田家の人々の静内・新冠への移住と同時に、「馬喰」としていっしょに鳴門から鵡川や静内へと移住した朝鮮人たちがいた。この朝鮮人たちは鳴門で馬や牛を農家と売買する仕事をしていた。

江戸時代から鳴門・淡路地方は、馬の飼育が盛んだった。農耕馬や軍馬の育成のために幕府から馬の飼育が奨励されていたのである。一六二九年(寛永六年)には大毛島《おおげじま》に一五匹の馬を放牧し、鳴門の海に棲むという海驢《あしか》と混血させ、水陸両用の良馬の創出を図ったという伝説もある。また藩馬育成のための牧場が設置されてもいた。[7]この牧場は一八六九年（明治二年）に廃止されたが、軍馬の飼育自体は全国的に行われていく。しかし馬の飼育は日清・日露戦争の頃から減少し始める。外国馬に対して日本の軍馬が体躯・能力共に劣ることが明らかになり、馬の飼育頭数がどんどん減っていったのである。その一方で、食用としての牛の飼育は増加していった。[8]

当時の牛馬は牧畜の対象ではなく、耕耘のための役畜であり、地力の増強をはかる堆厩肥生産用の家畜であった。その増加を各地区に割り当てたのも、特に米の生産性向上を目的としていたからだった。したがって、牛と馬の区別自体もそれほど重要ではなかった。[9]

牛馬の売買を行う者を「馬喰」と言った。博労、伯楽、馬喰、牛馬商、家畜商、と時代によって、その呼称は変わるが、馬の善悪を鑑定し、売買交換や周旋を行うことがその主な仕事であった。特に馬の病気に関しては伯楽が漢方薬や灸、刺針、瀉血を行っていた。

明治初頭の馬一頭の値段は三〇〇円ほどで、非常に高値であった。貧乏な農家では馬を飼う資力がないことから馬喰の世話で「万人講《まんにんこう》」というシステムで金を集めた。これは二人一組で十数組を組織して各地方へ依頼に行き、集金した金で馬を買って農家に渡す、「縄堅め《つながため》」という方式を取っていた。そのなかには、農家をだます悪徳商人もおり、「博打《ばくち》、博労《ばくろう》、掏《す》りすったくろう」などという陰口もあったという。商人どうしが手を袖のなかに入れて指の折り方とか握り方で値段を決めるので、立会人にもどのくらいの相場でやり取りをしているかが分からないという。[10]やがて、博労や馬喰は免許制度になり、牛馬商試験を受験した上で資格を要する職業になった。しかし、初期の頃には、そのような厳しい資格を持つ者だけが馬喰であったわけではないだろう。

大正末期には、役牛、肉牛に適し、飼養管理が容易な朝鮮牛（赤牛）が農家に好まれ、朝鮮から数多くの赤牛が導入され飼養された。一九二五年（大正一四年）度における朝鮮牛の平均相場を見てみると、肉牛が牝二六七円五〇銭、牡二六〇円五〇銭、その他の成牛は牝二二〇円三八銭、牡二四三円八四銭、子牛は牝一一八円二四銭、牡九四円七五銭となっている。[11]

明治から大正にかけて、馬喰は、鳴門・淡路における重要な商いであった。大正末期から朝鮮の牛が輸入されるようになると、この地域に多くの朝鮮人が移住してきたのではないかと考えられる。

徳島空港のすぐ北側にある徳島市里浦《さとうら》地区ではかつて農耕に牛を使っていた。杉浦茂吉氏（徳島市里浦在住、八九歳）は、[12]「若い頃、北海道から馬を買って、農耕馬として七、八頭を所有していた。昭和一八～一九年頃のことだが、農家は八〇軒くらいあり、牛を使っていたのは一五軒ほどで、あとは馬を使っていた。馬は二、三年すると馬喰が来て連れて行った。この地区では、芋や麦などの耕作が行われており、牛が農耕作業にとって重要であった。ここでは六カ月ほどの子牛を農家に売りにくる専門の業者がいた。そしてその牛が大きくなると、二〇〇〇～三〇〇〇円で買い取っていく」と証言した。

里浦地区の北方にある大毛地区は、鳥取砂丘を小さくしたような規模の砂しかない地域だった。現在でも芋や麦を耕作している。鈴木岸夫さん（徳島市大毛在住、八六歳）によると、[13]開墾を始めた頃の農家は一軒に一頭の牛を飼っていた。馬喰がこの地域に、六カ月くらいの子牛を五～一〇頭連れてきた。それから一年、その牛を飼って、砂浜でまっすぐ歩けるように訓練し、農耕に使えるぐらいに大きくなると、馬喰が二〇〇〇～三〇〇〇円で買い取っていく。その馬喰は里浦から大毛にやって来ていた。このように、二、三日おきに大毛地区の農家に子牛を預け、一年半ほどして買い取りに来る、という馬喰がいたという。小さな農家はそのくらいで、大きな農家では二、三歳の牛を飼っていたという。六〇～七〇アールが平均的な農家で、一ヘクタール以上の農家はそれほど多くなかったともいう。

また、この地区には追分といって、現在の山上病院の裏側に、馬を放牧していた場所があった。そこには石垣状になった壁があり、その手前にすり鉢状の地形があったという。そこに馬の骨を捨てていたという。

そこからさらに北上した鳴門海峡に近い地区でも、馬喰が子牛を持ってきて農家に預け、一年後に大きくなった牛を買い取っていく、ということが行われていた。その地区での聞き取り調査では、馬喰が朝鮮人であったという証言が得られた。

土産店「福池商店」の福池トモエさんによると[14]、「里浦には馬喰が多く、朝鮮人も多かった」という。里浦地区では農耕に馬と牛を六対四の割合で使役し、田は馬、畑は牛が耕していた。馬喰が子牛を連れてきて、しばらくすると、医者がその牛の去勢にきた。牛が大きくなるとまた馬喰が来て、大きくなった牛と子牛を交換していったという。

また、徳島市粟津地区は、田がなく、畑が多かったので、牛の交換がなされ、大津地区、川内地区では田が多かったので、馬が多く交換されていた。なかでも川内地区は種馬が二頭いて、周辺の地区では一番馬が多い場所だったという。

徳島市周辺から鳴門に至るまで、耕作物によって牛や馬の耕作が細分化されていた。鳴門地区では特に、このような馬喰のなかに朝鮮人が多くいたことが複数の証言から明らかになっている。

ここで今一度北海道に目を向けてみよう。鵡川地区で母親が生まれたアシリレラ（山道康子）氏の母の父――すなわちアシリレラ氏の母方の祖父は鳴門から鵡川に馬喰として移住した人だという。移住後に鵡川でアイヌ女性と結婚しアシリレラ氏の母親が生まれた。

「母親は母方が樺太アイヌで父方は朝鮮人でした。この朝鮮人の父親は鳴門から馬喰として北海道鵡川に渡り、そこで口に入れ墨をしたアイヌの女性と結婚したそうです。そのような朝鮮人の馬喰は当時、珍しいものではなく、静内にも多かったそうです。[15]」

このアシリレラ氏の母親の父が、鵡川に居住していたのは一九〇七年（明治四〇年）前後である。また、静内でも、多くの朝鮮人が馬喰として働いていたことをアシリレラ氏は証言している。

鵡川の開発は牧畜業から始まったと言われている。特に汐見地区における農地開墾と馬との関係は極めて深く、明治末期から農耕用として馬が用いられてきた。一頭ないし数頭の馬を放し飼いしていた農家もあったという。[16]

大正から昭和にかけて汐見地区では馬を所有する農家がさらに増え、昭和五～六年頃にはほとんどの農家が馬を飼うようになっていた。当時は一頭七〇円から九〇円だったという。また当時、数十頭の道産馬を飼育していた人はアイヌの人が多かったとも言われる。[17] これまで見てきたように、明治末期から大正初期にかけて、朝鮮の人々が馬喰として鳴門地区から多数鵡川へ移住してきたと考えられる。そしてそれはきわめて自然ななりゆきと思われる。

淡路島の稲田家が、北海道静内や新冠、色丹島に移住させられたのが一八七〇年(明治三年)五月であり、筆者の調査の初期の段階で明らかになった朝鮮人二世が平取でアイヌ女性から一八七〇年(明治三年)に出生した事実は、この稲田家の北海道日高地方への移住の時期とまさに合致する。一方で一八七〇年(明治三年)に出生ということは、父親となる朝鮮人男性が平取のアイヌ女性と内縁(当時は朝鮮人の夫は正式の婚姻関係として認められていなかった)の関係をもった時期としては、一八六九年(明治二年)以前が妥当と考えられることから、淡路稲田家の北海道移住に伴う朝鮮人の移住は、この平取町で出生した朝鮮人二世の件とは関係がないと考えられる。

しかし、北海道の馬産地にはこれまで見てきたような背景があり、鳴門・淡路から朝鮮人が馬喰として北海道へ移住してきていたことは歴史的事実としてとらえて間違いないと思われる。

註

1……静内町史編さん委員会『増補改訂　静内町史 上巻』、一九九六年、二七六～二八八頁
2……高田知幸『北の百年――稲田騒動と移住その後』、二〇一四年、一～三頁、六～一〇頁
3……前掲『増補改訂　静内町史 上巻』、二八九頁
4……澤石太編著『開道五十年記念北海道』(再版)鴻文社、一九二二年、七頁
5……同前、四八八頁

6……矢武伊太郎『後藤翁と八田翁』北海道クローム増産研究會、一九四四年、六三頁

7……鳴門市編纂委員会『鳴門市史 上巻』、一九七六年、一四四〇頁

8……同前、一〇七四頁

9……同前、一〇七七～一〇七九頁

10……篠原雅一『阿波商売今昔』徳島県出版文化協会、一九七六年、二四頁

11……前掲『鳴門市史 上巻』、一〇八四～一〇八五頁

12……二〇一四年三月二四日、杉浦氏宅にて聞き取り

13……二〇一四年三月二四日、鈴木氏宅にて聞き取り

14……二〇一四年三月二三日、福池商店にて聞き取り

15……石純姫「北海道における朝鮮人の移住――アイヌ民族とつながりにおける重層的アイデンティティー」二〇一二～二〇一五年度科学研究費助成事業、六八～六九頁

16……汐見二区沿革史編集委員『汐見二区沿革史大地は語り継ぐ』鵡川町汐見二区自治会、一九八七年、九四頁

17……同前、九五頁

第三章

近代期の朝鮮人労務動員とアイヌ

クロム鉱山と朝鮮人労務者

北海道における朝鮮人の人口は前章の表2(三五頁)にあるように一九一一年の六名から一九一七年には一挙に一七〇六名となる。これは北海道炭礦汽船株式会社(北炭)が一九一七年(大正六年)から朝鮮で労務者を募集したことが要因である。同年、三菱美唄《びばい》炭坑も朝鮮人を雇用し始め、一九二八年(昭和三年)には三井系列の炭鉱九カ所、三菱系四カ所のほか、大倉系、住友系、徳田系など、それぞれの資本系列において朝鮮人労働者が従事していた。その総数は二七九〇名となり、全体の労働者総数の一三パーセントになる。[1] このほかにも炭鉱・土建・鉱山など各種のインフラ工事や時局産業に数多くの朝鮮人労働者が従事することとなる。

一九三八年(昭和一三年)四月一日に「国家総動員法」が公布され、同年五月五日、勅令により朝鮮・台湾・樺太にも施行される。そして同年九月一三日の閣議決定「昭和一四年度国家総動員実施計画ニ関スル件」に基づき、一九三九年七月四日に「昭和一四年度労務動員実施計画綱領」が閣議決定され、第一次労務動員が実施される。この労務動員には、「募集」「官斡旋」「徴用」の三段階があったが、「募集」の段階からすでに、官や企業の圧力を伴い、強制力による「募集」が行われていたことは、多くの証言から明らかにされている。

「集団募集」の実態がわかるものとしては、たとえば『半島労務者勤労状況に関する調査報告』に以下のような記述がある。

警察や郡長を通して仕事をする方がうまくゆく、所謂募集屋は駄目である。さういふ意味でもっと徹底的に上意下達する様総督府の努力を望むこと切である。[2]

また、『石炭鉱業の鉱員充足の事情の変遷』によると、以下のような「募集」を行っていた。

郡で割り当ててもらうときにすでに動員計画がありまして、部落に何名いるか全部わかるのです。男が何名、女が何名、幾つから幾つまで何名いると。そうして郡がわりあてるので面事務所と駐在所では必ずださなければならない義務もあるのです。……係が二人位いって面事務所の労務係と駐在の旦那とを旅館に呼んで一晩徹底的に懇願これつとめるのです。それでなければ駄目なんです。だから北海道土産をもっていったり何とか集めて貰わんと困る。そうやって一献席を設けて、この手は一回だけではまずいんですね。二回なり三回なり手をゆるめられない。もう選挙と同じです。（笑）[3]

このように、「募集」とはいうものの、役場官吏・警察官の協力に全面的に依存しており、事実上の官斡旋であった。

さらに一九四二年（昭和一七年）二月に「朝鮮人労務者活用ニ関スル方策」が閣議決定され、石炭統制会・日本金属鉱業連合会（「鉱山統制会」）の要請による「官斡旋」が始まったが、『朝鮮人強制連行強制労働の記録——北海道・千島・樺太篇』によると、その実態は以下のようなものである。

> 釜山の浜で漁業の手伝いをして働いているとき、しょいこを背負って駅前を歩いていたら、知らない男から、ちょっと話があるからこいといわれて、無理やり旅館に連れて行かれた。そこには一〇〇人くらいの男がいた。当時私は二六歳で妻と六歳と三歳の息子がいたが知らせることはできなかった。北海道の炭鉱へ連れていくといわれた。いかねば台湾へやるといわれた。なんとか逃げようと思ったが逃げられなかった。下関についてから汽車に乗せられた。汽車は私たちだけの貸切のようだった。汽車の出入り口にはずっと棒を持った見張り番が二、三人ずつ立っていた。逃げるといけないからと所持金をとりあげられた。それでも途中で四、五人逃げた。二八日に北海道奈井江の住友炭鉱に着き、窓に鉄格子のはまったタコ部屋に入れられた。[4]

その後、一九四四年九月の「国民徴用令」により、動員計画四五四万二〇〇〇人のうち、朝鮮人三二万人の動員が計画された。労務者の動員は、徴用の召集令状もなく、官憲による強制的なものであった。

丘珠工事に就労した朝鮮人の話に、「ある日突然、朝鮮の自宅に日本兵がきて、銃剣をつきつけられて貨車に載せられた。近所の家からも若い男たちがかき集められた。身支度も、家の者に話す間もなく、行き先も目的も知らされず、何日もかかってここに来た。ここが日本のどこなのかもわからない」。同じく日本人労務者の証言では、「朝鮮人は、ある日、旗を立てたトラック数台に乗って建設現場に入ってきた」[5]。

日本国内においても早い時期に同様の連行が行われた例がある。一九四一年(昭和一六年)一〇月ころ、北海道の東部・オホーツク海に面した興部《おこっぺ》と雄武《おうむ》の中間の沢木《さわき》という所で、朝鮮人親方の六〇人ほどの飯場が憲兵に寝込みを襲われ、夜一〇時半ころ着の身着のままトラックに積み込まれた。四十何人かが、三台のトラックで連れてこられたところが計根別《けねべつ》だったという。総督府統治下の朝鮮でも行われていなかったことが、重要飛行場の建設地周辺では強行されていたのである[6]。

一九四一年一二月八日、シンガポール占領と真珠湾攻撃により太平洋戦争が開戦されて以後、日本国内への朝鮮人労務者の供給は急務となり、一九四二年二月から朝鮮総督府内に設置された労務協会が主体となり、朝鮮人労務者の供出および輸送事業が一元化されることになった。北海道炭礦汽船の朝鮮人労務者の募集は「石炭統制会においては募集地域割り当ての事務を代行することとなり、労務協会との緊密な連携により、各業者の希望する募集地域、割当人員、供出日程などの事項につき朝鮮当局との折衝に尽力するところがあった」というものであった[7]。

戦時期、武器・車両の製造等に欠かせないクロムは軍需資材として重要な鉱物だが、特に北海道産のクロム鉱石は、当時採掘されていた鳥取・兵庫・京都・福井各地のものに比較して極めて高品位

表4　北海道のクロム産額

年度	全国産額(トン)	北海道産額(トン)	全国比率(%)
1936	38476	20259	52.7
1937	43118	23824	55.2
1938	47325	28421	60.0

[札幌鉱山監督局『北海道鉱業一覧』1936年、1937年、1938年より作成]

表5　平取町のクロム産額

<table>
<tr><th>鉱山名</th><th>鉱業権者</th><th>1937年</th><th>1938</th><th>1939</th><th>1942</th><th>1943</th><th>1944</th><th>1945</th></tr>
<tr><td>新日東</td><td>本後藤合名会社</td><td>5318</td><td>5472</td><td>5721</td><td></td><td></td><td></td><td></td></tr>
<tr><td>日東</td><td>同</td><td>3439</td><td>4145</td><td>3678</td><td></td><td></td><td></td><td></td></tr>
<tr><td>八田</td><td>八田勇馬</td><td>7570</td><td>10300</td><td>13434</td><td></td><td></td><td></td><td></td></tr>
<tr><td>日高国試登第753号</td><td>広瀬久雄</td><td>459</td><td>—</td><td>—</td><td></td><td></td><td></td><td></td></tr>
<tr><td>日高国試登第823号</td><td>富本朝二</td><td>300</td><td>—</td><td>—</td><td rowspan="3">1188</td><td rowspan="3">21419</td><td rowspan="3">13230</td><td rowspan="3">10551</td></tr>
<tr><td>日高国試登第901号</td><td>富本朝二</td><td>—</td><td>208</td><td>—</td></tr>
<tr><td>富本</td><td>富本朝二</td><td>—</td><td>—</td><td>912</td></tr>
<tr><td>式沙内</td><td>本後藤合名会社</td><td>—</td><td>379</td><td>—</td><td></td><td></td><td></td><td></td></tr>
<tr><td colspan="2">合計</td><td>17086</td><td>20504</td><td>23745</td><td></td><td></td><td></td><td></td></tr>
<tr><td colspan="2">全国比率</td><td>36.1%</td><td>43.3%</td><td>27.4%</td><td></td><td></td><td></td><td></td></tr>
</table>

[札幌鉱山監督局『北海道鉱業一覧』1937年、1938年、1939年、総務庁統計局『日本長期統計総覧　第二巻』1988年、『平取町百年史』469頁より作成]

であった。またその産出量も全国産出量の六割を占めていた(表4)。

たとえば北海道平取町のクロム鉱山は、表5に示すとおりである。後藤彦三郎が一九一八年五月に設立した日東鉱山が嚆矢となり、続いて一九三一年の新日東鉱山大鋼体の発見に伴い一九三三年に後藤は本後藤合名会社を設立する。また、日本最大のクロム産出鉱山である八田鉱山が一九三六年に開設された。

さらに朝鮮人木村が発見したとされる富本糠平鉱山は全国一の優良鉱と称されるなど、北海道のなかでも平取はクロム鉱山の密集地帯であった。

これらのクロム鉱山に朝鮮人が従業していたという記録があるが(表6)、新日東鉱山以外は朝鮮人労働者数が記されていない。しかし、日東鉱山では最盛期には一五〇～二〇〇人ほどの朝鮮人がいたという証言がある。[8] 八田鉱山では朝鮮人部屋と呼ばれる朝鮮人専用の飯場が一〇棟あり、そこでは一棟あたり六～一〇世帯が居住していたという。後述する

表6　朝鮮人労働者地域別事業及び人員状況

	八田鉱山	富本糠平鉱山	本後藤工業新日東鉱山
1939～1941年度承認数			40
1939年度移入実数			20
1942年3月末移入実数			20
1942年6月移入実数			20
1941年5月現在数			20
1942年3月末現在数			16
1942年6月末現在数			17
1943年5月末現在数		39	16
1945年1月動員計画数		50	50

[『北海道と朝鮮人労働者』176～177頁より作成]

『郷土史ふれない』執筆にあたっての筆者の聞き取り調査においては、八田鉱山には二〇〇名以上の朝鮮人がいたという証言もある。しかし終戦時、玉音放送の終了と同時にGHQの調査が入るとの情報で、八田鉱山では全ての書類を焼却したという当時の事務員の証言がある。[9]

実際の朝鮮人従業者数については正確な記録はないが、数多くの証言や戦後の定住化の実態から見て、相当数の朝鮮人労働者がいたことは確実である。

クロム鉱山で労働していた朝鮮人は、炭鉱で働かされていた朝鮮人労働者のようには過酷な状況ではなく、労働によって死亡に至る犠牲者も多くはなかった。所帯を持ってそこに定住していく例もあった。ただ、後述するように八田鉱山での死亡者が一名いたことが埋火葬認許書から分かっている。

註

1……朝鮮人強制連行実態調査報告書編集委員会・札幌学院大学北海道委託調査報告編集室編『北海道と朝鮮人労働者』ぎょうせい、一九九九年、二六頁(表21)
2……同前、四九頁
3……同前、四九頁
4……朝鮮人強制連行真相調査団『朝鮮人強制連行強制労働の記録——北海道・千島・樺太篇』、一九七六年、一四八～一四九頁
5……前掲『北海道と朝鮮人労働者』、三九四頁
6……同前、三九四頁
7……七十年史編集委員会編纂『北海道炭礦汽船株式会社七十年史』、一九五八年、二〇二頁
8……石純姫「北海道近代における朝鮮人の定住化とアイヌ民族」『東アジア教育文化学会年報』第三号、二〇〇六年、四頁
9……石純姫「東アジアの戦争遺跡——記憶の継承をめぐって、北海道における朝鮮人強制連行」『東アジアにおける戦争・植民地記憶の保存と表象に関する国際的総合研究』二〇〇六～二〇〇九年度科学研究費補助金基盤研究(B)研究成果報告書、二〇一〇年、八二頁(二〇〇八年七月二五日平取町振内にてA氏からの聞き取り調査による)

鉄道敷設（富内線）と朝鮮人労務者

戦時下の北海道では、重要な時局物資であったクロム運搬のための鉄道網の敷設が急務であった。北海道鉱業鉄道が一九二二年（大正一一年）から翌年にかけて開業していた金山《かなやま》線（沼ノ端《ぬまのはた》～辺富内《へどない》）は、クロム運搬のために幌毛志《ほろけし》まで延長されることとなり、一九四一年（昭和一六年）一月、辺富内―幌毛志間の鉄道敷設が着工された。

工事は一九四二年から一九四三年まで鉄道工業株式会社と川口組が請負って行われた。一九四四年からは軍の早期開通の要請に加え、極めて危険性の高い区間であったことから軍直轄施工となった[1]。しかし膨張性土質であったことや、湧水等の障害があり、一九四四～四五年一月に四カ所の坑口の工事を中止した。工事が再開されるのは、終戦後

表7　胆振・日高地区の鉄道工事

路線名と関係地区	工事名及び内容	着工期間	備考
胆振・辺富内線～十勝	辺富内線第3工区	1941, 1～	地崎組
鵡川	富城・鵡川間	～43, 11	国境・幌毛志間土工未了、振内・御影間未着工
穂別	辺富内・御影間	～(45, 8)	

［『北海道と朝鮮人労働者』338頁より］

の一九四六年一月からだが、一九四八年九月、GHQの指令により中止となった。そして一九五三年二月から新規着工路線として採択されて一九五六年八月から工事が再開され、一九五八年一一月に完成となる。戦時期のクロム運搬のために敷設されるはずであった富内《とみうち》線は、結局クロムを運搬することなく、戦後に開通され、やがて廃線となる。

この辺富内―幌毛志間の隧道工事にも数多くの朝鮮人労務者が強制的労務に従事し、犠牲者を出したとされる。町道一三一号線とポロケシオマプ川に沿った幌毛志一帯は、かつて朝鮮人宿舎やタコ部屋が建てられていた。しかし、その事実が平取町の「町史」に記述されることはなかった。

註

一 1……日本国有鉄道札幌工事局『辺富内線日振ずい道工事誌』、一九五九年、一二頁

平取町の埋火葬認許証をめぐる記録と表象

一九四三年(昭和一八年)四月二四日、平取町役場からの失火で一二四戸が全焼する大火災が発生した。この時に町の文書の大半が焼失したが、一九四四〜四六年の間、平取町で埋火葬された朝鮮人一一名の埋火葬認許書が現存している。これらの埋火葬認許書は、筆者が平取町振内の『郷土史ふれない』の執筆依頼を受け、当時の平取町職員より提供されたものである。

現存する埋火葬認許書に記された一一名の朝鮮人のうち幌毛志の隧道工事や糠平《ぬかびら》鉱山関係で死亡したと思われる人は九名である。その九名の埋火葬認許書の記載から一九四四〜四六年当時の平取町(当時は平取村)における朝鮮人のようすを記述してみる。なお埋火葬認許書にある他二名については、現在も遺族が在住しておられるものと考えられることからここでは取り上げない。

埋火葬認許書からわかることは、当時の平取村大字幌毛志(ポロケシ)オマップあるいは番外地には川口組の宿舎があり、土工夫が一九四四〜四五年に五名死亡しているということである。その他、生まれたばかりの乳幼児も含まれていたことから、家族で居住していたということも考えられる。また、八田鉱山内の死亡者は女性である。当時、クロムの洗鉱には女性が労務しており、労働者の約半数近くが女性であったこともクロム鉱山の特徴である。貫気別糠平には糠平鉱山があり、朝鮮人労務者もいたが、ここでの死亡者は縊死《いし》(埋火葬認許書では「縊首死」)となっていた。死亡時の年齢は四六歳で当時としては高齢である。

朝鮮人死亡者を本籍別にみると、慶尚北道四名、慶尚南道一名、全羅南道一名、京畿道京城府二名、平安北道一名、黄海道一名、忠清南道一名となり、全体数が少ない割に本籍は幅広く、現在は朝鮮民主主義人民共和国となる黄海道が本籍の方もいる。土工夫の死因は急性肺炎二名、急性黄疸、慢性大腸カタル兼心臓弁膜症、中毒、カタル性黄疸、縊死、心臓弁膜症となっている。年代は二〇代四名、三〇代二名、四〇代一名、生まれてすぐに亡くなった赤ん坊が二名である。ごく限られた地区において、わずか二年間での死亡者としては、少ないとはいえない。過酷な労働状況と劣悪な住環境に置かれていたことが推察される。

川口組といえば、一九四四年一一月から一九四五年一二月までのわずか一年の間に、室蘭で九六九名の中国人労働者のうち三一一名の死亡者を出している。当時、中国人労働者が死亡するとその遺体は中国人宿舎からイタンキ浜まで運ばれ、最初は火葬されていたものの、やがて火葬する薪もなくなり、そのまま海岸や宿舎付近に遺体が放置されていたという。[1]

そのなかで埋火葬認許書がある者は一七〇名、ないものは一四一名である。室蘭の他の事業所としては「第一華工」「第二華工」「第三華工」「鉄道工業」があった。それらの事業所での死亡者のうち埋火葬認許書のない死亡者数はそれぞれ二名、一名、四名、二名であった。埋火葬認許書のない中国人一五〇名のうち一四一名が川口組で労務していた。[2] これほどの凄惨で過酷な労働状況と犠牲者に対する非情な扱いをしていた川口組が、平取の幌毛志隧道を請け負っていたのである。元請けは地崎組だが、その下請けとして川口組が実際の現場で労務者を扱っていた。

振内《ふれない》の郷土史編集委員会は平取町から二〇〇万円の助成金を受け、二〇〇六年五月に筆者はその執筆を依頼された。上記の埋火葬認許書の提供を受け、事実については全て明らかにし、記録することを条件として、執筆依頼を了承した。

二〇〇六年九月に第一回『郷土史ふれない』編集委員会が開催された。文化部、産業部、教育部等の各部会の責任で聞き取りを行い、筆者のもとにテープを送付するという計画だったが、テープが送られてきたのは、産業部会からの一回のみ(しかも座談会形式で、誰が何を話しているのかが全くわからない状態のもの)で、他の部会からは全く自主的な聞き取りは行われなかった。こちらから出向いて聞き取りを行うなどし、各部会の協力を得ることが困難ななか、一年半という短期間で筆者は二〇〇八年三月に三六〇枚ほどの原稿を編集委員会に渡した。同年一一月二七日まで、編集事務からの連絡がなく、一一月二七日に召集された編集委員会では、筆者が執筆した原稿の一部が著しく改変された奇妙な原稿が提出された。このことに対して異議を述べ、振内共同墓地の朝鮮人埋火葬認許書の事実について記述すべきであると述べた。

編集委員会は「このようなことが明らかになると国際問題となり、遺骨発掘などをされると迷惑だ」と明言した。多くの自治体では現在に至るまで、朝鮮人に関する歴史的事実を公的記録に記述することは執拗かつ周到に排除されてきた。

しかし、それは皆無というわけではない。北海道では、浅茅野《あさじの》飛行場建設が行われた猿払《さるふつ》村で、『猿払村史』に労務動員され犠牲となった朝鮮人を含む全ての埋火葬認許書がある労働者を記述するという貴重な例がある。[3]また、近年発刊された『新千歳市史』も千歳飛行場の建設における朝鮮人労務者の存在を記述するようになった。[4]地域における「負の記憶」をどのように記録し継承していくかについては多くの困難を抱えている。

『郷土史ふれない』は二〇一〇年三月に発刊され、朝鮮人犠牲者が振内の共同墓地に埋葬されてい

写真8　振内共同墓地の無縁碑（日蓮宗）

写真9　平取町が建立した振内共同墓地の「無縁故者之墓」

写真10　振内共同墓地の無縁碑と「無縁故者之墓」

る事実については記述することができた。平取町では、二〇一〇年三月に振内の共同墓地に「無縁故者之墓」を建立した。これまで、そのとなりにある「南無妙法蓮華経」と記された石碑が町の無縁碑だと平取町職員は説明していたが、実はそれは町が建立したものではなく、日蓮宗の有志が立てたものだったのである。郷土史編集に際して充分な理解と協力を得たとは言い難く、今なお多くの事実は明らかにされていない。

平取ポロケシオマプにあった川口組には多数の朝鮮人が働いていたと思われるが、埋火葬認許書のある死亡者はわずかである。室蘭の例と同様に、認許書のない犠牲者が多数いたのではないかと思われる。実際、数多くの朝鮮人犠牲者の遺体を近隣住民が目撃したとする証言があり、また以下のような重要な証言もある。

振内の共同墓地を整備していた業者が、ブルドーザーで整地していたところ、わけのわからない骨が大量に出てきたっていうんだ。あまりにも大量でちょせないほど(さわれないほど)だったので、ブルドーザーでそのまま埋めて山にしたっていうんだな。自分はその業者の人から直接聞いたんだ

写真11　振内共同墓地内の大量の遺骨が埋められているという場所

けど、もうその人は二〇年も前に亡くなってて、知っているのは自分くらいじゃないかな。[4]

大量の骨が埋まっているというその現場は、振内共同墓地の中央部分に位置し、平取町と日蓮宗の無縁碑から三〇メートルほど離れた場所にある。直径二メートルほどの、やや小高く盛り上がった土饅頭のような盛り土は草と小さな木で覆われている。振内の共同墓地と川口組飯場は、ちょうど室蘭の中国人飯場とイタンキ浜までの距離と変わらないくらいである。ここに朝鮮人やタコ部屋労働者の遺体が埋火葬認許書もなく埋められた可能性は極めて高いと考えられる。この証言を受け、筆者は平取町公開条例に即して[史料6](六三頁)を平取町長に提出した。

この文書に対して平取町からは、平取本町と二風谷《にぶたに》の共同墓地に関しては、墓地整備条例時における報告書を開示したが、池売《いけうり》と振内の墓地に対しては、それぞれ二〇〇八年・二〇一〇年に建立した無縁碑の写真が提出されただけだった。墓地整備条例時の状況や発掘された遺骨の状態や数などの報告書は一切なく、現在は存在しないと平取町は述べるのみである。

註

1……上野志郎『室蘭における中国人強制連行強制労働の記録』中国人殉難者全道慰霊祭事務局、一九九四年、四七〜四八頁
2……同前、六四頁
3……猿払村史編纂委員会編『猿払村史』
4……千歳市史編さん委員会『新千歳市史 上巻』、二〇一〇年
5……石純姫「北海道における朝鮮人の移住――アイヌ民族とつながりにおける重層的アイデンティティー」、二〇一六年、四〇頁

〔史料6〕平取町長宛　墓地整備条例に関する文書公開要請

二〇一三年七月三〇日

苫小牧駒澤大学国際文化学部
准教授　石　純姫

平取町長　川上　満　殿

前略にて失礼いたします。

平取町における情報の公開に関する法律の規定に基づき、下記のとおり申出をします。

二〇〇八年国会においてアイヌ民族が先住民族であることが公式に認められました。平取町は、アイヌ民族の古くからのコタンがあり、沙流川流域はアイヌ民族との共生の地であることは町の公的な歴史においても多くの記述がなされています。

上貫気別は、新冠からアイヌ民族が強制的に移住させられた場所であることは、『平取町百年史』においても詳述されています。現在、旭地区になっているアイヌの人々の旧墓地は、遺骨が掘り起こされることなく、[1]旧来のまま維持され、一九九〇年には「旧上貫気別墓地」として碑が建てられ、その碑文にはこの地に強制移住させられたアイヌの人々の歴史的経緯とともに追悼の意が刻まれています。この碑が建てられた経緯については、一九八八年一二月の平取町定例議会において、「アイヌ問題について」と題して盛議員（当時）の一般質問があり、当時の平取町長が善処したいと応答しています。この質疑応答から一年半後に旭地区の追悼碑が建立されているのです。

このような歴史的事実について、町が公的な記録と共に、記念碑を建立し、公共の記憶として継承していることは、非常に重要な取り組みであると思いますし、そのような姿勢に敬意を表する次第です。

また、二風谷地区の共同墓地においても、墓地整備事業により、現在ダムとなっている地域から現在の共同墓地にアイヌの人々の遺骨が改葬された経緯について、二風谷部落有志一同が建立した追悼碑があります。

平取町本町の共同墓地脇、義経公園の一地区には、有志によって建立された様々な「無縁碑」が存在します。この慰霊碑に関しては、どのような遺骨を埋葬しているのかについての説明はなく、この碑が建立された経緯についても全く記されていません。町史などにも記述はなく、当時の事情を知っている限られた方々も次第に減り、町の重要な歴史的事実が埋もれてしまうことが懸念されます。「有志一同」が建立したものではあっても、町有地に建立されたものであり、毎年この慰霊碑周辺の草刈も町の予算で行われていることから、これがどのような碑であるかについては、町が管理していると考えられます。しかし、私が町民課を訪ね、町への届出について問い合わせたところ、町では何の届出もされていない、当時の自治会が無届のまま建てたのだろうという返答でした。無届の場合、町有地に建てられた碑は撤去されるものです。慰霊碑を町の無許可で建立できるはずがなく、たとえ建立できたとしても、撤去されずに草刈などの管理まで町の予算で行われていることは、全く理解できないことです。

振内の共同墓地には、一九四三年から一九四六年までの平取村役場「埋火葬認許書」によると、数名の朝鮮半島出身者の遺骨が埋葬されています。死亡場所は「ポロケシオマプ川口組内」「ポロケシオマプ」などと記載されており、これらのことから幌毛志の隧道・鉄道工事に従事した土工夫であることがわかります。ポロケシオマプ一帯は朝鮮人労務者が収容された宿舎があった場所です。この人々の遺骨が振内共同墓地に埋葬されていることは確かであり、本籍地も明白です。

一九七〇年代後半に振内地区における墓地整備の整地の際に大量の遺骨が掘り起こされ、そのままブルドーザーで集められて盛り土にされたという証言を複数得ております。振内共同墓地には古くから日蓮宗の無縁碑が存在していましたが、二〇一〇年三月に平取町が無縁故者の碑を建立しています。大量の遺骨が埋められたままとされる盛り土は、現在も共同墓地の中に存在しており、その真偽について早急な調査を進めていただきたく思います。あわせて池売共同墓地には二〇〇八年三月に平取町が無縁碑を建立しています。

東川町では、町が朝鮮人犠牲者の慰霊碑を建立し、二〇一三年八月から遺骨発掘調査が始まります。

以上のことから、平取町が知りうるできる限りの情報の提供をお願いしたいと存じます。よって平取町の保有する情報の公開に関する法律第一五条第三項の規定に基づき、下記のとおり申出をします。

記

1. 平取町墓地整備条例に関する規定文書
2. 上記条例に基づいて実施された平取本町、振内、二風谷、池売各地域の共同墓地における整備予算、整備請負業者名、整備実施状況報告書

以上

註

1……この文書を作成・提出した時点においては明らかにされていなかったが、後述のとおり、上貫気別では六体のアイヌ人骨が北大研究者によって盗掘され、現在も六体が北大に保管されている。

アイヌ集落における朝鮮人の定住化の過程

前章で確認したように、幕末や明治初期の比較的早い時期に認められる朝鮮人の北海道への移住に次いで、北海道で朝鮮人の移住者が増加してくるのは、日本が朝鮮を植民地化した一九一〇年代からである。そして北海道における朝鮮人の人口が飛躍的に増えるのは、北海道炭礦汽船が労務者を募集する一九一七年(大正六年)からであるが、この時期に移住したと考えられる朝鮮人が、アイヌの人々と接触し、定住化していく例がいくつか見られる。

筆者の聞き取り調査によれば、当時のアイヌコタンでは、子どもを養育できなくなった和人や朝鮮人などがアイヌの人々にその養育を託したり、子どもがいない、または少ないアイヌの家庭に、自分の子どもを養子として渡すという例が数多くあった。また、アイヌの親戚同士のなかでも、子どもに恵まれない兄弟姉妹の家庭に自分の子どもを養子に出すというようなことも多かったという。

昔、若い夫婦が開拓でやってきて、頑張ってやっていこうと思っていたのだけど、初めての冬がきた。そのうち雪が降る、大地が凍る。生まれてきた赤ちゃんがいて、ついに、アイヌの家の前にぼろきれに巻いて置いていったんだわ。それを、アイヌ犬がいっぱい吠えるんで、ばあちゃんがおかしいと思って外に出ると、赤ちゃんがいたの。これね、アイヌは必ずカムイ(神)からの授かり物だと言って、受け取っておっぱい飲ませて、アイヌ語で育てたんだ。[1]

穂別《ほべつ》で生まれたTさんは、幼い頃、アイヌの家の養女に出された。実の父親は朝鮮人で、母親はアイヌである。実の父親が朝鮮人であることを知ったのは、中学生の頃で、外国人登録のための指紋押捺をした時であった。朝鮮人の父親がどのようにして日本へ移住してきたのかについてTさんは聞かされていないというが、一九四〇年(昭和一五年)生まれのTさんは、父親は、少なくとも一九一〇〜二〇年代には北海道に移住してきたと考える。この頃は、いわゆる「強制連行」の時期ではないが、故郷の朝鮮で生活を維持することが困難となり、日本へと移住してきたことは想像に難くない。朝鮮から北海道へ渡った朝鮮人男性が、アイヌ女性と親密な関係を持ち、定住化していった例は、これまでの聞き取り調査の証言からも少なくない。

絶対父親はそういうこと(日本に来た時のこと)を明かす人じゃなかったから。(中略)弟とふたりで来たというから。強制連行だと思うの。で、働かされて辛くて弟とふたりでスコップ一丁ずつを盗んで川を渡って、その川さえ渡ってしまえば、後を追って来ないから山の中で一日二日いて、どこかの部落にでも行って一生懸命働いたらなんとかなると思って行ったたって。[2]

また、現在、平取町二風谷でアイヌ文化の伝承者として活躍されているK氏の父親は、一七歳で北海道に移住してきた朝鮮人である。一九一四年（大正三年）にはすでに北海道穂別近辺での足跡が確認されており、統計に表れる早い時期の朝鮮人の一人でもある。K氏の父親は北海道の各地を転々としながら、平取町二風谷に定住する。雑貨商や飴屋などを営みながら、アイヌ家庭の養女となった和人の女性と結婚した。

アイヌの家庭では、置き去りにされた子どもや実家で育てられなくなった子どもを引き取って大切に育てたといわれる。なかには、米一升で置き去りにされ、アイヌの家庭に育てられた子どももいる。先述のTさんの実家では、見知らぬ兄弟が置き去りにされていて、そのままTさんの家で育てられていたという。

見たことがないのに兄弟だっていうのが、三年前に亡くなったんだけど。その人なんかはね、千歳の方から行商に来てたんだって。農家には米だけじゃなくて、穀物とかあるでしょ。黍とか野菜とか山菜でも保存食として漬けてあるでしょ、昔なんかは特に。だから、物々交換さ。子どもを連れて、そういう人がたくさんいたよ。私なんか、養女に出されたのに、ふたり兄と姉がいたよ。どうみても顔の違う兄弟がいた。そうしたら母親が米一升でなんとかしてくれって。この子どもちょっと預かってくれって言われて、奥の方へちょっと売りに行ってくるからって、それっきり帰ってこなかったって。で、そのまま預かったみたい。[3]

アイヌの女性と結ばれアイヌ集落で定住化していく朝鮮人男性は、一九一〇年代以降、次第に増加していき、地域に同化していくが、その子孫たちは厳しい差別を経験することになる。そのような朝鮮人の父親を持つアイヌ児童はTさんが通っていた小学校でも少なくはなかった。

小学校の時にね、みんな私が学校から帰ってくると、もらいっ子、もらいっ子って馬鹿にするもんでね。家に帰ってきて親はちゃんと教えてくれないから、孫ばあさんにだけ聞いたの。「私に指さしておまえはこうだって言うんだけど、何なの？　もらいっ子って何なの？」って聞いたら、こうこうこうで、そんなことに負けたらだめだよねって。たっくさんいるんだよって。そしたら、のきなみいるの。そういう人が。[4]

アイヌであることは、北海道穂別の地元では差別される要因ではなかった。本州からの移住者もいて、土地を持つアイヌの人と世帯を持つことも多かったからである。しかし、アイヌのなかでも、朝鮮のルーツを持つことに対する差別は歴然としてあったとTさんは認識している。Tさんの姉妹も、嫁ぎ先で半分が朝鮮ルーツであることを侮辱されてきたという。

やっぱりなんというか、朝鮮人って陰から指さされるのが、いちばんいやだったね。本州の方から、その頃は内地内地って言ってたけど、そっちから来てる人たちが結婚してる人たちにあまり口を出さないけど、アイヌアイヌっていう人は、町にでも行かないかぎりはいないので、私たちが育ったところの農家のようなところではね。あまり言われなかったね。でも、朝鮮人ってことは、言われたね。育てられた親にも言われたね。中学くらいになると。[5]

私自体は直接言われてないけど、姉なんかだったら嫁にいってからも「朝鮮アイヌなんて、そこらへんにないぞ」なんて言われたこともあるって言ってた。(中略)姉にそういうことを言ったその人は、どっかからもらわれてきたんだって。行商してきた人に米一升でばくられて(交換されて)、今はきれいな奥様になってるけど。[6]

Tさんが、実の父親が朝鮮人であることを知ったのは、中学生の時に、校長からの呼び出しで役場に連れていかれ、指紋押捺をした時であった。このことは、Tさんの心に深い衝撃と共に強い決意を生むことになった。その時以来、Tさんは、絶対に「帰化」をして日本人以上の日本人になると誓ったという。

中学一年になったらね、職員室呼ばれたわけ。校内放送で名前呼ばれたの。役場から用事があるっていわれてるから、職員室来てくださいって。それもなんだかよくわからなかったわ。何か悪いことでもあったかと、すぐに何でも悪いこと考えちゃうけど、いつも親がそういうすべて自分がおもしろくないと、子どものせいにして怒ってたから。私なんにも悪いことしてないのになんで呼ばれるんだろうって感じで行ったのね。そしたら、あんたは日本人じゃないから役場に行って、こういうものもらってこなければならないからと、担任ではなく校長が言うの。(中略)私が一番最初に帰化したのかな。絶対いやだ、絶対帰化するって思ってね。(自分が朝鮮人だとわかった時は)その時はね……父を憎んだね。[7]

思春期が始まる時期に、犯罪者にしか課されない指紋押捺という屈辱的な行為を強要されることは、人生において深刻なトラウマを残すものとなる。Tさんは結婚後に帰化申請をするが、身辺調査と称する公安の近辺の聞き込み等が行われた。このようなことがいかに在日外国人の精神的抑圧となり、人権を蹂躙したものであるかについて、多くの人々は知らされていない。なお、現在も、在日外国人は外国人登録法のもと、犯罪者に義務づけられる指紋押捺が行われている。

戦前・戦中期にアイヌ女性と所帯を持った朝鮮人男性のなかには、朝鮮に妻子を残して日本に来ていたというケースが少なくなく、戦後、アイヌ女性である妻とその子どもを日本に残し、韓国へと帰国する例もあった。一方で、韓国に残した妻子と別れ、日本で永住する朝鮮人男性も存在し、その双方において、引き裂かれた離散家族の悲劇が生まれていたことも確かである。

聞き取りによって知ることができた数々の証言から、アイヌの人々は、自らがどれほど困窮していても、捨てられた赤ん坊を「カムイ(神)からの授かりもの」として大切に受け取り、育てていたことは事実である。当時は、和人の子どもを育てることに対してアイヌの家庭でも誇りを持っているということが新聞記事にも記されている。

こうした経緯により、一九一〇年代以降には朝鮮人と和人、朝鮮人とアイヌ民族には深い繋がりが形成されており、アイヌコタンでの朝鮮人の定住化も定着しつつあったと考えられる。

註

1……石純姫「北海道における朝鮮人の移住――アイヌ民族とつながりにおける重層的アイデンティティー」、二〇一六年、一四五頁
2……石純姫「アイヌ集落への朝鮮人の定住化の形成過程において」『前近代アイヌ民族における交通路の研究(胆振・日高I)』、二〇〇五年、一六頁
3……同前、二四頁
4……同前、一五頁
5……同前、一三頁
6……同前、一三頁
7……同前、一四頁

強制連行・強制労働からの逃亡

一九三八年（昭和一三年）四月一日に公布された「国家総動員法」は、五月五日の勅令により朝鮮・台湾・樺太にも施行されることになる。一九三八年九月一三日に閣議決定された「昭和一四年度国家総動員実施計画ニ関スル件」に基づき、一九三九年七月四日には「昭和一四年度労務動員実施計画綱領」が閣議決定される。労務動員の具体的方法は「募集」「官斡旋」「徴用」の三段階があったがその実態は「募集」の段階から「官斡旋」であったことは前述したとおりである。

一九三九年以降に北海道に連行された朝鮮の人々は、過酷な労働現場から脱出する者が多く、そうした人々がアイヌの人々に保護・支援される例が数多く存在する。以下にそれらの証言を記す。

まず『北海道新聞』で紹介された例として、鄭哲仁氏の証言を挙げる。鄭氏は、一九四二年、朝鮮の仁川から北海道東川《ひがしかわ》村江卸《えおろし》の発電所建設工事に連行されたが、一九四三年五月に「人間とは思えぬ虐待と酷使、朝鮮人蔑視に耐えかねて」同胞一一人と蜂起する。この事件で鄭氏は札幌裁判所から懲役六ヶ月執行猶予二年の有罪判決を受ける。その後、鄭氏らは現場に戻ったが、間もなく憲兵隊に寝込みを襲われた。鄭氏は脱走したが、彼を除く一一名はどこかに連行された。

アイヌ民族の家にかくまわれたりしながら根室、岩見沢など道内を転々とした。（中略）山を幾つもこえてアイヌの家族に助けられ、日高の日東クローム鉱山で働いていた同胞の宿舎に案内された。妻もいるその同胞の紹介で日東鉱山で働くことになったが、一人の老鉱夫から島牧のマンガン鉱山に行くように勧められ、出来るだけ遠くへ逃げるためにいくことにした。[1]

呉銀燮氏は、一九四二年に江原道から官斡旋により明治鉱業昭和炭鉱に連行された。喀血だったにもかかわらず炭鉱労働を強要され、呉氏は逃走する。

逃走してから、手帳はなかったが日本語が話せたので、剣淵《けんぶち》の砂白金山の事務所を訪ねてその飯場に入って働いた。だが逃走した炭鉱から近すぎるので北見の道路工事現場に行った。一ヶ月くらい日高のアイヌの家で世話になったり、王子製紙で働いたこともある。[2]

李秀夫氏（後述する小川隆吉氏の父親）は、一九三〇年、朝鮮人労働者の通訳として十勝の道路建設工事に従事したが、逃亡し、日高のアイヌ集落にたどり着いた。その息子の小川隆吉氏が幼い頃、近所の天理教の信者の人から聞いた話は以下のようなものである。

アイヌの家では逃げてきた朝鮮人たちを迎え入れ、消えかかっていた火をもう一度おこし、食べ物を与えたのです。そして、「今ここで眠ると、朝に警察につかまる時は私も同時につかまる。夜明け前にここを出て、あの村のここから三軒目の家に行きなさい。そこの家はアイヌの家だから、きっと迎えてくれる」。そう言ったそうです。

強制連行、強制労働で北海道へ連れてこられた朝鮮人の多くが、逃亡した後、アイヌコタンに助けを求めたのです。かくまわれた朝鮮人とアイヌ女性との間に生まれた子どもは、三〇〇人を下らないといいます。[3]

すでに逝去された北川しま子氏は、一九三〇年一一月一五日に北海道沙流《さる》郡平取町で生まれた。父親はアイヌ民族で母親は朝鮮人の父と樺太アイヌの母との間に生まれた人だという。

あるとき、物置から物音がするから父親が行ってみると、振内《ふれない》のほうから逃げてきた朝鮮人が物置の前にうずくまって、たしか「アイゴーアイゴー」と泣いていたという。何軒かのアイヌの家に泊まりながら家まできたらしいけど、父親はその人をその煙突のなかに入れて、一晩か二晩かくまってた。その人が朝鮮に帰りたいっていうんで、苫小牧まで連れていくことにしたらしい。肉を運ぶのに使っていた馬車があったから、それを物置の入り口のところまでもってきて、その朝鮮人を乗せて、苫小牧まで行ったって。父親が駅で切符を買って、その人に改札のところで渡して、そうやってその人は汽車に乗っていったって。そんなこともあったの。[4]

アシリレラ（山道康子）氏の父親である山道モトクアイヌ氏に関わる次のような証言がある。山道モトクアイヌ氏は当時、炭焼きをしていたという。山道モトクアイヌ氏に関するこの話は朝鮮人とアイヌ民族の繋がりを考える上で非常に重要である。

父親は、必ず、空の俵を積んでるんですね。真ん中に。それは何故なのかわからなかったけれど、母親もわかってたんだろうけど、何も言わないの。「こぼれた時の予備とかって」。そういうこともあるのかなって思っていたけど、ある時は、その真ん中の炭俵がぱんぱんで、旅館を回って売ってきた時にはぺちゃんこになっていたこともあった。

中学生になって初めて、それが、実は強制労働の現場から脱出してきた朝鮮人たちを匿い、炭俵で囲って苫小牧まで馬車で運び、逃がしたのだということを聞いたの。朝鮮の人はふんどし一丁で逃げてきたから、穴だらけでもなんでも、とりあえず自分の服を着せて、逃がしたみたい。日高の方で大木を切って、沙流川を流送で運んでいたのね。その流送人夫に紛れて逃がしたみたいですけどね。その当時の流送をしていた人たちは、やっぱりアイヌの人たちが多かったんですよ。結局、そういう危険な仕事には、朝鮮の人やアイヌの人たち、度胸も座ってたし、うまかったんだと思うの。流れてくる丸太を転がしながら、港まで持っていくんだから。

逃げてきたのは、幌毛志《ほろけし》の鉄道や隧道工事の現場から。一旦、切断されている隧道のところを越えて、空の炭俵を一つ積んで、一人ずつ、穂別のシナ叔母さんのところに運んで行って、向うにも旅館があったんで、そこでまた一人連れてきてって。シナ叔母さんもよく言っていましたけど、トウモロコシの畑のなかで、火を焚いてトウモロコシを食べてたって。でも、それを言ったら、殺されるだろうと思ったから、黙って見て見ぬふりをして通っていったら、帰る時には、頭下げてたって。それで塩つけたおむすびや焦げのついたおむすびを持たせてあげたって。その安住《あずみ》の大山シナさんという人は、神か仏かっていうくらい、いい人だった。あの頃は道路っぷちでもどこでも死体が投げられてたって言ってた。だから、花を供えたり、タバコを粉にして供養したりしてた。だから、私は小さい頃、富内のおばさんのところに行きたいっていって、おふくろによく怒られてた。

父親はそうやって、姉のところに行って、戻ったら大変だからって、苫小牧まで金輪の馬車で炭俵の中に朝鮮人を匿って逃がそうとしたけれど、逃がそうとしても逃がしきれなかった朝鮮人を自分の妹と結婚させることもあった。そうして一緒になったアイヌの女性も少なくなかったし、また、それだけではなく、親戚、友人、知り合いなどにも紹介し、命を助けることになると説得し、一緒にさせたんです。[5]

このようにして過酷な労働現場からアイヌの人々により救出された朝鮮の人々は、その後北海道の他の地域に移住したり、アイヌの人々と共に暮らしていくようになった。アシリレラ氏の兄である山道照男氏によると、父親が匿った朝鮮の人々は、炭焼きの仕事を手伝いながら、木の洞で寝起きをしていたという。山道照男氏は次のような証言をしている。

昔は、この辺でもアイヌが毛深いっていうことだけでも、和人に追い詰められて小学校にも行けなかった時代があった。だから、学校に行くふりして山に行って一日過ごしたこともあった。自分の体験したことは他人にはやっぱりわからないけれど、そういうことがあった。

そうした時に、朝鮮人が「何も私ら守っていくんだから、何も遠慮しないで学校行きなさい」とか言った。家は朝鮮の人と知り合いが多かったもんだからね。アイヌの人は毛深いから朝鮮の人と一緒になれば、一番いいんだとかって、そういう悪口とかもシャモ（和人のこと）から平然と言われた。わしらは、「アイヌ、アイヌ」って木に登っても、石を投げられたりしてシャモの子どもたちにいじめられた。

だから、我々は、純粋なアイヌじゃなくて、アイヌには間違いないけど、困っていた朝鮮の人たちとか、いろんな困っている人とかを炭焼きって、窯作って炭を作っていたもんさ。そこで、手が足りないと、そういう朝鮮の人たちは、桂の大きな木の根っこに寝泊まりしたりしてた。その桂の木もまだ、ここにあるよ。

そうやって、朝鮮の人は苦労したと思うよ。親父が山の木を伐ったら、それを朝鮮の人たちは山のてっぺんまで登って下ろして、それで炭を焼いてね。（中略）

昔、振内には、クロムもあったけど、金山も二カ所も三カ所もあった。募集っていって、後からは騙されたりして連れてこられた朝鮮の人たちがいっぱいいた。幌毛志のトンネルを掘ったのは、ほとんど朝鮮人だよ。そうやって、死んだり死にそうになったりした人は穴掘って埋められたりした時代だから。我々は朝鮮の人が涙流していたのを見た覚えがある。覚えてるだけでも、朝鮮の人たちは多かった。朝鮮の人は仕事でもなんでもやるけど、わからん事やれやれって言われても、できないんだよ。それを叩きつけて働かせていた。

昔、タコ部屋っていうんだよ。振内にあったんだよ。幌毛志のトンネル掘らされてた。夜になると、犬が吠える。そうすると、タコが逃げたんだということがわかった。そういうのも覚えている。小学校五、六年生の時だな。トンネル工事もその中で鍛冶をやって、金属を曲げたり加工する人たちがいて、それを直す人とそれを運んでいく人と、そういう朝鮮の人を見た。親父はそうやって逃げてきた朝鮮の人を匿って炭焼きをさせていた。親父はその炭を馬車で千歳まで売りに行った。

桂でも板谷でも、中が大きな空洞になっていて、昔、ガッポっていって、その中に煙突立てて朝鮮の人たちが住んでた。

戦後もそういう朝鮮の人たちは、結構、残ってて、今いうウタリの人と結婚して、二風谷《にぶたに》なら二風谷で農家したりして住んでいた。そうやって、アイヌと朝鮮の間に生まれた子どもも多くて、シャモとアイヌとの間にできた子どもと、半々くらいだった。茅葺きで雨がもれないようにしたり、火焚いて煙を上さあげて、そうして過ごして、朝鮮の人を匿うには、家を黒くしておかなければならない。そうしないと、見つかるから。炭を焼いて、そこに人がいることがわからないように、黒くした。だから、家の親父は朝鮮の人たちからしてみれば、神様みたいなもんだ、匿ってやってたからね。だいたい、馬車で炭を売ったら、帰りは食べられるものをなんかかんか買ってきてやないかな。炭焼きは、ひとところにいないから。あっちに移動したり、こっちに移動したりして。木のいいところに釜を構えて住んでいたんだから。でも、馬もない、何もないから、家の親父は買い付けさ。冬になったら、馬橇《ばそり》で米積んで。朝鮮の女の人は割と少なかった。親父のところには男の人が多かった。

朝鮮の人は真面目でも、和人には受け入れてもらえなかった人もいた。いいとこだけとって、悪いとこだけを朝鮮の人にやったりして。

当時は、差別がいちばん多かったな。そうやって逃げたりしてきた朝鮮人と毛深いアイヌの女性は、逆に一緒になりたいというのも多かった。朝鮮の人たちにしてみれば、死にもの狂いで働いて、家族をもってやってきたけど、何一つ持たないで、朝鮮に帰った人も多かったよ。子どもをおいて行った人もいる。そうすると、この辺では、アイヌの爺さん婆さんに育てられて。一人前になって、漁場で人を使うようになったら、朝鮮に帰っていく人やここに残った人もいた。そういうような状態なんだ。[6]

労働現場から脱出してきた朝鮮の人々が、七、八人で木の洞に住みつつ、アイヌの炭焼きの仕事をしながら定住化していくことがわかる証言である。また、それと同時に、当時アイヌの少年であった山道照男氏がアイヌとして差別されるなかで、朝鮮の人々との心温まる交流の記憶も語られている。厳しい差別と抑圧のなかで、アイヌと朝鮮人が共に生きていくことは、自らを守る手段であると共に、人間としての尊厳を保つために必要な絆でもあったのかもしれない。

戦後、サハリンから引き揚げてきたアイヌの人々が、朝鮮人と結ばれるというケースも見られる。アイヌ文化の伝承者として知られる石井ポンペ氏は、親族には朝鮮人と世帯を持つ人が多かったと言う。

私の故郷は穂別《ほべつ》というところで、樺太からの引き上げのアイヌの人がいた。名寄《なよろ》に一旦寄って、それから穂別の私のコタンに来たおばあちゃんやその家族もいた。また強制連行されてきた朝鮮の人たちも割合多かった。私の叔母と結婚したのも、強制連行で連れられてきた人。私の姉と結婚したのも、そういう人で、義兄だった韓という人と結婚した。その人は夕張炭鉱で兄弟二人で、義兄は兄貴で弟の方は亡くなったみたい。で、子ども二人を残したみたい。その弟の子ども二人を連れて私の姉と結婚したの。住んでいたところは静内《しずない》だった。

叔母と結婚していた林という人も朝鮮人で、その人の紹介でうちの姉も結婚した。またうちの叔父さんの奥さんも朝鮮人なのね。割合、アイヌの人と朝鮮の人の結婚は多いのね。うちの身内では、その三人が朝鮮人だけど、朝鮮であることを名乗ると、学校でも社会でも苛めにあって、アイヌや朝鮮はいつでも苛めにあっていたからね。それであまり自分たちの子どもに対しては、朝鮮だとかアイヌだとかということはあまり教えないようにしていたの。

でも、うちの姉の子どもたちは、義兄の子どもたちは札幌の朝鮮学校に入った。当時は月寒《つきさむ》にあったのね。今は福住《ふくずみ》のほうに移ったけれど。そこに子どもたちは三人入った。それで私はよくその学校の運動会に行ったり、子どもたちがお金がないといったら、お金を持って行ったりね、そうやってそこの学校を卒業して、今は一般の社会で働いて、ほとんど東京とかそういう方面に仕事に行って世帯を持ったりしてるしね。[7]

また、戦時中に強制的に動員されてきた朝鮮人の記憶を語る阿部義雄氏は、平取町の富内線《とみうち》隧道工事に従事していた朝鮮の人々が、戦後も引き続き、地元の工事に従事していたと証言する。

朝鮮の人は、結構いたね。平取から紫雲古津《しうんこつ》につづく築堤を作るのに、朝鮮の人がたくさんきていて、去場に大きな飯場があった。半分の人が朝鮮人だね。子どもの頃だけど、よく覚えてる。子どもながらに聞いたのは、富内線の幌毛志の隧道で、朝鮮の人たちが自分たちの仲間が人柱にされたとかってよく言っていた。そのトンネル掘るのに、あまりにも崩れるので、人柱を埋めたというんだ。それを俺が小学生の時聞いた。あの頃、野犬がものすごい多くいたわけ。その人たちが、工事をしながらその野犬を獲って殺してその肉を食べるわけ。俺の家は茅葺だったから、アイヌの家だとわかって、その人たちも来たんだろうね。父親と飲み友達になった朝鮮の人が三、四人でいつも来ていた。子どもの頃その犬を食べておいしかったのを覚えている。あの頃は羊を飼っていた人も多くて、羊が野犬に襲われるからね、そうやって食べたりした。そのあとは、毛皮をなめして座布団みたいにしていたよ。幌毛志で働いていた人たちが隧道、戦争が終わった後も築堤工事をして、その後アイヌの女性と一緒になって他の所に移って行った人がいるね。[8]

振内の郷土史を執筆中にも筆者は、幌毛志隧道で犠牲になった朝鮮人の「噂」は、よく耳にした。しかし、それを裏付ける文書がないことから、郷土史に記述することは出来なかった。しかしこうした証言が数多くあることから、朝鮮人犠牲者の事実は否定できないと考えている。現在、富内線は廃線となり、隧道入り口はコンクリートによって塞がれているが、富内側の入口には、アイヌ式の供養の形跡があり、事実を知る人々によって、犠牲者を慰霊することが行われていたことがわかる。また、戦後の朝鮮人労務者とアイヌの人々との間にも交流があり、犬の肉を食べていたことなども語られているが、これも平取、とりわけ振内地区においては珍しいものではなかったことが筆者の聞き取り調査からわかっている。

このようなアイヌと朝鮮人の交流は、平取以外でも数多くあった。静内で生まれた山岸良子氏は、朝鮮人の父親とアイヌの母親との間に生まれている。静内では、朝鮮の人々が早くから労働者として移住しており、その居住のためのアパートを山岸氏の祖母が経営していたことから、朝鮮の人々との親密な交流があった。山岸氏は、朝鮮人とアイヌ民族双方からの出自について幼い頃から自覚し、夜間教室で朝鮮語を習う形態の戦後間もない頃の朝鮮学校にも通った経験を持つ。小学校における差別の記憶は、自らが体験したアイヌ民族のなかでの朝鮮人差別の記憶であるという。マイノリティが共に支え合い共存するなかにも複雑な感情と抑圧があったことを山岸氏の証言は示している。少し長くなるが山岸氏の証言を以下に記す。

父親は、一応、長男で韓国の国の在り方に不満があって、日本で一旗揚げようと思って、一九歳で密航して下関に着いたら、警察が迎えに来ていて、そのまま乗せられて樺太に連れて行かれたって。その時の朝鮮人は、全部乗せられたって。炭鉱などで、日本中働かされて、あちこち行ってて、三回目の奥さんが私の母で、その子どもが私。静内で。私の母の母というおばあちゃんはアイヌで韓国の人と結婚してて、そのつながりで。

静内の御幸《みゆき》町でおばあちゃんはアパートをしてて、そこに住んでた人がほとんど朝鮮人で共産主義者だということで、おばあちゃんは、よく警察に睨まれてたっていう。

そのアパートは四世帯。二階建てで。朝鮮の人とアイヌの人が一緒になったのは、静内が多かったんじゃないんでしょうか。平取よりも。

私は朝鮮学校に行きましたから。父親と母親は門別《もんべつ》で、門別という名前で子どもがもう四、五人いたところで結婚した。父親にとっては、私が最初の子ども。五五歳の時の子どもだった。七五で亡くなりましたから。

学校行っていろいろありましたけど、家ではしあわせでしたね、私は。両親は仲はよかった。でも、一応父さんは頭にくると朝鮮語になり、母さんはアイヌ語になる。私自身はどちらもさっぱりわからない。

朝鮮学校に行ったのはなぜかというと、日本の大学を出た先生だったの。在日朝鮮人の人で。うちのおばあちゃんのアパートに住んでいた人だったの。アパートに習いにいってもいいんだけど、教室があるから、教室に来いって言われて、それで教室に行ったんだけど、朝鮮語は、全然覚えられず、単語のトマトとかそんなもので、幼稚園の子と一緒にならんでいるんだけど、実際、私は日本の学校の数学とかそういうのが遅れるのが嫌だから、一生懸命そっちをやってた。で、先生に見せてたという。先生は、その日本の勉強の方を教えてくれてたの。そこに来ないと教えないっていうから。とりあえず、小さい子と一緒になりながら、教わってたの。小学校五、六年生くらいかな。

朝鮮学校の規模っていうのは、家のばあちゃんの下の家にあったんで、もう、子どもたちだけで、二〇人くらいはいたと思います。机で分けてるだけで、その上の子たちはその上の勉強があって、先生やってましたけどね。小さい子は、写真や絵を描いた紙を見て、そうやって朝鮮語を習ってました。

私は半年だけ、そこにいるんですよ。半年経ったら、また門別の親のところに行って。どっちにも力入ってなかったですね。朝鮮語も話せません。ただ、私の名前が「ぱくやんじゃ」っていうのだけは覚えました。旧姓が梨本っていうんです。先生にそれくらいはおまえ覚えろって言われて。それだけは、今でも覚えてます。

門別に半年、静内で半年、静内では夜に朝鮮学校に行って、門別と静内の両方の卒業証書を持ってます。

朝鮮学校は、御幸町の住宅を借りてやってた。先生も昼は何をしていたのかわからなければど、そうした学校があるくらい、朝鮮の子どもが多かったっていうことでしょうね。うちのおばあちゃんのところに住んでいた人でも、一二、三人はいましたもの。小学生だったり中学生だったり。昼は日本の学校に行っていたと思いますよ。

私の親戚もいるから、その当時、平取とか穂別とかにも行きましたけど、朝鮮学校の話はきいたことがありませんでした。

ただひとつ、自分の子どもに信念的に言えるかっていったら、言えないな、と思うことがあるの。そんなに可愛くてしょうがない娘が帰って来て泣くわけですよ。学校でチョーセン、チョーセンって苛められるのがつらいと言ったとき、父さんは、なんでそれが泣くことあるの？ と。父さんの国は朝鮮なんだよ。泣くことないっしょ。そうだね、って言えばいいでしょ。そうすれば、ちょっと楽だよ。ちがうもん、馬鹿にしていっているのと、頭悪くないんだもの、チョーセンチョーセンって毎日言われていれば、わかるでしょ。それを言われるのは、アイヌの人たちから。門別の小学校の当時は六割の人がアイヌだった。いつも、上靴で殴られて血を出さないで帰った日はなかったから、母さんと父さんは考えた結果、静内のばあちゃんのところに半年くらい送ろうと思ったんだ。アイヌの子どもたちも苛められてた。でも、もっと弱いものを見つけようとしたんでしょう。

私、非常に不思議なことには、シャモの人には馬鹿にされてない。みなさん、協会で差別云々っていって、良ちゃんもそうでしょ、って言われて、面倒くさいから、そうだよっていうけど、実際は違うんです。

門別では、アイヌと朝鮮の間の子どもは私だけでした。当時は、私の知る限りでは、私しかいませんでした。静内に行くと、わーいって、感じ。だけど、学校は友達がいないからつまらない。帰って来ては面白いわけ。

門別の学校で面白いのは、アイヌの人たちが苛められているから、私はすごい大事にされたの。不思議でしょ。それで、学校の中ではすごく楽しかった。苛められたけど、苛めたから。男の子だよ。スカートめくったりするでしょ。それを思いっきり肩を叩いたり、そういうの。そういうのがしょっちゅうだったから。二人並べられて廊下に立たされたりとか。いやあな苛め方はなかったの。

ただ、学校を出たら、わやだったから。アイヌの人に毎日のように叩かれて。学校ではアイヌの子も溌剌とできないから、学校出たら、そういうことしてたのかな、と今では思うけど。

門別で、朝鮮人の父親だったのは、私だけでした。父親が韓国ってみんな知っているから、訪ねてくるのは、静内や千歳の朝鮮人でしたし。喘息だったから、家事は全部、父がしていた。母は農家で働いていたし。私が洗濯とかできるようになっても、父はずっと手伝ってくれてました。父が畑で働いていたのは、私が本当に小さい時だけだったから、喘息が酷くなったんでしょうね。それでも七五まで生きたからよかったと思います。

私が一九歳の時の二月に母さんが死んで、五月におばあちゃん死んで、六月に父さんが死んだから、その年に三人が亡くなった。父親が死んだ時は、涙も枯れてしまって。なんだこれって思って。母さんが死んだ時に、ばあちゃんが、私ももうすぐ逝くかもしれないけど、驚いちゃだめだよって言われた。順番なんだからって、一生懸命教えてくれたけど、全然耳に入らなかったと思う。

門別ではアイヌの人たちから朝鮮と苛められたけど、静内では、朝鮮ということでもアイヌということでも苛められたことはなかった。それは、静内には、いろんな人がいたんです。朝鮮朝鮮の人も、中国の人もいたと思います。おばあちゃんのアパートには、行き場のない人を受け入れていたの。家賃もいただけていない人もいたと思います。でも、ばあちゃんは生きてはいけたの。従兄たちが漁師をしていて、魚をくれたし、朝鮮の人にしても中国の人にしても、家賃は払えないけど、どこからか野菜をもってきてくれたりして。

おばあちゃんは、口を染めたいろんな模様の入ったアイヌの女性でした。母親は入れ墨をしてなかった。どうしてしないの、と母親が聞くと、北海道でもどこでも好きなところで生きていけるように入れ墨はしない、必要ない、って言ったんだって。

じいちゃんは北朝鮮に帰ってから、元気だよって一回手紙をばあちゃんに送ってきた。一〇階建くらいの市営住宅のような家の前で写真をとっていたって。その写真は、もう家が火事になって、なくなっています。

私は、朝鮮人の父親だったから、そのことを通して、どうしようもないことはあるんだと思うようになった。苛められても、父親が朝鮮であることがなぜ悪いんだという人だったから、どれほど言いたいことがあっても、時期を待とうということを思うようになりました。どんなに大変な時には仕事をしなければ食べられないということを教えてくれたのは母親なので、寝ないで働くような人だったんで、言葉で諭されたりとかしたことはないけど、自然に身に付けるようになりました。だから、自分は朝鮮人でありアイヌである、という両方なんです。[9]

アイヌ民族、朝鮮人、中国人など、帝国主義下の北海道では、さまざまな人の多様な繋がりが各地で展開した。共に助け合い、共存する話がある一方で、相手を貶める差別意識が相方にあった。決して心地いいものではないが、以下、マイノリティの内部にも存在したレイシズム(人種差別)についていて見ていく。

私も生理が来たときに、父親に呼ばれてきちっと座らされて言われた。「もし、お前がアイヌの人を好きになって結婚するっていったら、アボジは首つるから」って。えっ? ってなった。「ここに住んでいたら、たくさん、アイヌの人に会うだろう。いい人もいればそうでない人もいるだろう。それは日本人も韓国人も一緒だ。でも、いい人であっても、家は韓国人の家だから、血が汚されるのは困る」

私は「家が穢されるの?」って聞いた。「これは、アイヌの血は三代、三代出るから、いくら薄くなるって思うかもしれない。でも不思議と三代には出てくる。だから、絶対に家の一族に入れては大変なことになる」って。[10]

「ちゃんと育てないと、嫁に行ったり、嫁をもらったりするときに、支那か朝鮮かエッタしかいないぞ」って言われて育てられたアイヌもいた。俺の父親の弟の嫁がそう言われて育った。その嫁さんは和人の父親で門別出身。そこの地域はそういう差別があったところなんだね。[11]

このような差別意識を含む戦時下におけるアイヌ民族と朝鮮人の繋がりについて、筆者はこれまで聞き取り調査を通じて明らかにしてきたが、ここからは、さらにその繋がりが戦後の日本への朝鮮人の定住化にも深く関係していることを記述していきたい。

これまでの聞き取り調査において、平取町幌毛志《ほろけし》と穂別町（現・むかわ町）富内《とみうち》を結ぶ富内線の建設工事で多数の朝鮮人労務者が死亡したことが明らかになっているが[12]、富内線敷設工事のすぐ近くの安住《あずみ》地区では、工事現場から脱出してきた朝鮮人たちをアイヌの人々が匿い、おにぎりなどを持たせて逃がしたり、朝鮮人労務者の遺体が道端にそのままに捨て置かれているのを見かねてアイヌの人々が遺体に花を手向けたり、タバコを供えて供養したりした。つまり、それらの遺体に対して、和人が無関心であったのとは対照的に、アイヌの人々は人間としての感情を持ち、供養を行ったのである。そのように道端に遺体が放置されていたことは、振内《ふれない》の郷土史を執筆するにあたっての筆者の聞き取りにおいても確認できていたが、平取町にそうした犠牲者に対する碑が建立されたのは二〇一〇年（平成二二年）になってからであった。

これに対し、安住地区を中心とした労務犠牲者の慰霊碑が穂別町によって建立されたのは一九七七年（昭和五二年）である。穂別の共同墓地は一九一三年（大正二年）に三カ所、一九二五年（大正一四年）に二カ所が開設された。以後一九二九年（昭和四年）までに三カ所が設置され、穂別の共同墓地は八カ所となっている。これらの共同墓地は、住民の要望により村役場が村議会の決議を経て道庁に許可申請を行い、道庁の許可が下りた後、穂別村長から北海道庁長官に北海道国有未開地処分法第四条による無償下附を申請し、墓地の開設となった。これらの墓地のいずれにも火葬場が設置されており、火葬作業は火炉もしくは露天で行われていた。穂別町全域の火葬場が設置されるのは一九六五年(昭和四〇年)からである。[13]

穂別町では一九六九年、墓地整備を行い、穂別霊園の造成を決定した。同年六月二九日に「穂別町霊園使用条例」を規定し、一九七一年からは移転が行われた。これに伴い和泉地区の旧墓地を廃止し、新和泉墓地を開設することも決定された。新墓地の購入にあたって申し込みと抽選が行われ、「霊園を一層美しいものとするため、抽選当日苫小牧市から墓石店を呼んで見本を陳列させ、格安の値段であっせんするので、これを機会にできるだけ墓石に改めるよう呼びかけた」[14]とある。

和泉《いずみ》地区はアイヌの人々が強制移住させられた場所であり、[15]旧墓地はアイヌの人々の墓地であった。「できるだけ墓石に改めるよう」という行政からの勧誘は、単に「霊園を美しいものとするため」という形式的・審美的(和人的)な理由だとすれば、それはアイヌの人々にとって耐え難いことであっただろう。生活習慣においてほとんど和人と同化していたアイヌの人々にとって、自らの文化のありようを残す葬儀と埋葬の風習までが消滅させられていく深刻な局面だったはずである。和人にとってみれば墓地の「近代化」という生活様式の変化が、アイヌ民族の文化にとってはこの上なく重要な核心的な部分への浸食であった。

こうした旧墓地からの移転に伴い、各地の墓地では無縁墓が問題となった。アイヌの人々の遺骨と共に、穂別の各地域では、金山線、富内線、幌毛志の隧道工事などに伴う多くの朝鮮人労務者やタコ部屋労務者の遺骨や遺体が新たに発掘されることになったのである。

穂別霊園では、一九七四年一〇月二六日の旧墓地からの移転に伴い、九二柱の無縁仏を安置する無縁碑を建立し、入魂式が行われた。[16]この霊園は現在、仁和《にわ》地区の永林寺の上方の、かつての栄駅《さかえ》から川を隔てた高台の場所にある。

一九八二年、安住にある富内霊園では、その整備に際し、旧墓地には当初予定した以上の無縁仏があることが判明したため、同年度の一八一四万円の補助事業では対応しきれず、翌年度一二六万円を投入して無縁碑を建立した。[17]戦後から二〇年以上が経過し、墓地整備条例が施行されることに伴い、無縁として葬られたこうした労務犠牲者たちの慰霊がようやく行われたのである。

さらに、筆者の調査では、先述したように安住地区のアイヌの家に匿われた朝鮮人を二風谷《にぶたに》に住む親戚のアイヌの人々が苫小牧まで運んだということも明らかになった。それ以前にも平取本町のアイヌの人が朝鮮人を馬車に隠し、苫小牧まで運んで汽車の切符を買って逃がした、という証言がある。[18]

また、二風谷から苫小牧へ朝鮮人を運んだというアイヌの人は、それでも逃げきれずに再び二風谷に戻った朝鮮人を自分の親戚や知人に紹介して、結婚の世話をしたという極めて重要な証言も存在する。[19]こうして、アイヌの女性と朝鮮人男性が所帯を持ち、平取町二風谷をはじめとして、むかわ町穂別などでの定住化へとつながっていったのである。

註

1……「東川・朝鮮人蜂起の仲間いずこ」『北海道新聞』、一九九三年五月一〇日

2……朝鮮人強制連行実態調査報告書編集委員会・札幌学院大学北海道委託調査報告編集室編『北海道と朝鮮人労働者』ぎょうせい、一九九九年、三二九頁

3……石純姫「胆振・日高地方におけるアイヌ集落の朝鮮人の定住化の過程」二〇〇五年度財団法人アイヌ文化振興・研究推進機構の研究助成を得た研究調査（実施期間二〇〇五年七月一日～二〇〇六年二月二八日）の研究

成果報告書、二〇〇六年
小川隆吉・瀧澤正構成『おれのウチャシクマ』寿郎社、二〇一六年、一五〜一九頁

4……石純姫「「北海道近代における朝鮮人の定住化とアイヌ民族」に関する聞き取り資料」『東アジア教育文化学会年報』第三号、二〇〇六年、七九頁

5……石純姫「北海道における朝鮮人の移住――アイヌ民族とつながりにおける重層的アイデンティティー」二〇一二〜二〇一五年度科学研究費助成事業、二〇一六年、二一四〜二一五頁

6……同前、一三七〜一三八頁

7……同前、一四九頁

8……同前、二一〇頁

9……同前、一九七〜二〇四頁

10……同前、二〇七頁

11……同前、一七九〜一八〇頁

12……石純姫「北海道で朝鮮人のアイヌ民族は記憶されているか――第一回平取町「振内共同墓地」」『東アジア教育文化学会ニュースレター』No.10、二〇一三年、二〜三頁

13……穂別町史編纂委員会編『新穂別町史』、一九九一年、一四六九〜一九七一頁

14……『広報穂別』第一三二号、一九七一年。前掲『新穂別町史』、一九七四〜一九七五頁

15……穂別町「古老は語る」テープ収録より

16……前掲『新穂別町史』、一四七四頁

17……同前、一四七四頁

18……前掲「「北海道近代における朝鮮人の定住化とアイヌ民族」に関する聞き取り資料」、七九〜八〇頁

19……石純姫「北海道における朝鮮人の移住――アイヌ民族とつながりにおける重層的アイデンティティー」科学研究費助成報告書、二〇一五年、http://www.t-komazawa.ac.jp/pdf/soku.pdf 九頁

「越年婿」

平取や穂別などでは、「越年婿《おつねんむこ》」と呼ばれる存在が知られている。戦時期や戦後、男性の働き手が失われたアイヌの農家の家に住み込みで働いた朝鮮人男性のことである。彼らは夏の農繁期は畑仕事をし、冬は山仕事や土方をして、その収入で年を越し、翌年になると別の場所へ移る。越年婿が入るのはアイヌの農家で、和人の農家には入らなかったという。また、この越年婿という呼称は、平取・穂別以外の他の地域ではあまり使われていなかった。

「越年婿」っていうのは、和人のところには入らないね。やっぱりアイヌの家に入っていたね。アイヌの集落のようなところに、朝鮮人や和人が、割と入っていたんじゃないかい。朝鮮の人がアイヌのところで働いていたっていうのは、ひとつには、私が思うには、言葉がわからないハンディがあったからじゃないでしょうかね。私はそこまではわからないですけどね。割と真面目ですよ。[1]

越年婿っていって、シャモばかりじゃなくて、在日の方々もずいぶんいてね。北と南のやつがいてね、あれ複雑だけども。俺たちが子どもの時もずいぶんいましたよ。子ども二人も三人もつくっておいて、いなくなったって。母親と子どもだけになる。母親はアイヌの人が多かった。俺より一つ先輩の女の人がその越年婿の子どもでいたし。そういう子どもたちは母親の私生児。だからほとんどが、父親は見たこともないけどね。[2]

証言によれば「越年婿」のなかには日本人(和人)も多少存在し、本州へと戻っていくこともあったという。なかには少数ながら、穂別などで定住化していく和人の越年婿の例もあったが、所帯を持った越年婿は、いずれもアイヌ女性と所帯を持った。

註

1……石純姫「「北海道近代における朝鮮人の定住化とアイヌ民族」に関する聞き取り調査」『東アジア教育学会年報』第三号、二〇〇六年、八二頁

2……石純姫「北海道における朝鮮人の移住――アイヌ民族とつながりにおける重層的アイデンティティー」、二〇〇六年、一七六～一七七頁

第四章
記憶表象の暴力

平取本町共同墓地の慰霊碑

平取《びらとり》町本町の共同墓地脇のわずかな町有地に、有志によるとされる慰霊碑が建立されている。最も古いものは一九六九年(昭和四四年)に木の杭のみが建てられた「祖先代々萬霊無縁の碑」で、これは一九八二年に石碑になった。この碑をはさんで右側には「オキクルミ神」と「馬頭観音」、また何も刻まれていない小さな石が埋められており、左側には「静御前の墓」と「世界人類が平和でありますように」(ピースポールと呼ばれている)が建てられている。

この平取町のピースポールには日本語・アイヌ語・ギリシア語の他にハングルでの表記があり目をひく。これは白光真宏会という静岡県に本部がある新興宗教団体によって一九九九年に立てられたものである。

この小さな慰霊の空間は、平取町において多様な人々が錯綜したという町の歴史が象徴的に示された場所である。それは記憶の捏造と意図的な忘却が鬩《せめ》ぎ合う場所でもある。

町有地に建てられたこれらの慰霊碑について、平取町は現在に至るまで、慰霊碑建立の経緯とその詳細についていっさい明らかにしていない。

一九七七年(昭和五二年)八月九日、平取町は「平取町墓地条例」を公布し、町有墓地の設置および管理並びに使用料の徴収についての規定を定めた。これに伴い、町内の各地域にある墓地の区画整理が行われることになった。

この墓地条例が施行される八年前の一九六九年、共同墓地の西側の林道をはさんだ小さな空き地に有志による木造の「先祖代々萬霊無縁の碑」が建てられ一九八二年に石碑になっていることは冒頭で述べた。これらの碑は一般の墓参の人々には全く気がつかない場所に建てられている。木造の碑が建てられてから五年後の一九七四年、平取本町の共同墓地の東側中央に「無縁の碑」が町によって建立された。

一九六九年を遡る数年前から、平取町ではアイヌの墓地の大規模な「整備」が始められている。平取町各地域のアイヌ墓地で、クワ(槐《えんじゅ》で出来た墓標)が引き抜かれ、埋められていた遺骨が掘り出されていた。

江戸末期から近代にかけて行われてきたアイヌ民族の遺骨発掘——。それが近年では学問の名のもとに行われてきた。その犯罪性を植木哲也は「学問に内在する暴力」として捉えている。しかし、この平取町で行われたアイヌ遺骨の発掘は、学問とも無関係に、単なる墓地整備のために行われた。アイヌ民族の遺骨は無断で掘り起こされ、「無縁の塔」のなかにひとまとめにされて埋葬された。一九七七年の墓地整備条例が公布された時には、すでに平取町のアイヌ墓地からは遺骨が掘り出され、そこにあった墓標は引き抜かれていた。

アイヌ民族で当時平取町議会議員だった宇南山斎氏は、アイヌの人々の遺骨を一カ所にまとめて埋葬し、「祖先代々萬霊無縁の碑」を建立するために有志を募った。そして平取町議で道南バスの平取支所の所長だった佐藤旭氏が資金を提供し、一九六九年に最初の木の碑が建てられたのである。

この平取本町共同墓地脇の慰霊の空間にある碑のなかで最も特異なものは、何も刻まれていない石の碑である。これはアイヌの人々の遺骨を埋葬した「祖先代々萬霊無縁の碑」と共に、朝鮮人の慰霊碑として宇南山氏ら有志が置いたものである（「建立」という言葉が不適切なほど、石は「置かれて」いる）。この石の沈黙は語られない歴史の重さを逆説的に象徴していると言える。

二風谷地区の無縁碑

二風谷《にぶたに》地区では、現在ダムが建設されている土地にアイヌの墓地があった。この墓地から発掘された遺骨は現在、道路を挟んだ小高い丘の上にある二風谷地区の共同墓地へ移されている。この共同墓地には、アイヌ民族の遺骨がまとめられた経緯について次のように書かれた碑が建立されている。

記録によると　この地トイピラを二風谷の共同墓地として使用され始めたのが明治二十八年
十二月とある　それ以来八十五年間利用されていたが　アイヌ民族の風習として大半は土葬で
あった　時の流れに従い火葬が多くなり昭和五十五年道路の北側からここへ改葬された　昔は
墓参の慣習がなかったので心ならずも百八十数体を無縁仏としてこの碑に納骨した　アイヌ風
木製墓標を石造に代えて建立　先祖の霊を供い供養する　槍形は男性墓標　針形は女性墓標
有縁無縁お心当たりの方は＊＊＊　昭和五十八年八月　平取町長山田＊＊
（＊は判読不能）

この碑の横には「二風谷部落有縁無縁三界萬霊之塔」と刻まれた石碑がある。これは一九八六年(昭和六一年)に「二風谷部落有志」によって建立されている。さらにこの碑の両脇には石で作られた槍形と針形の墓標が建てられている。これは一九八〇年の建立となっている。それぞれの碑が建てられた年は少しずつ時間的なずれがある。

この二風谷地区のダム建設は当時、日本全国の注目を浴びた。電力供給でも農業用治水でもない目的で建設されたダムで、アイヌ墓地はこのダム建設のために水没し、現在の共同墓地へと移された。この時、平取町議だった萱野茂氏は「三〇〇年経ったら魂はもうない」と述べ、墓地の移転を承認していた。

福満の共同墓地

平取町川向《かわむかい》と日高町門別《もんべつ》字福満《ふくみつ》にまたがる地域にはかつてアイヌの集落(アイヌコタン)があった。コタンのはずれには墓地があり、そこにアイヌの人々の遺骨が埋葬されていたが、ここでも平取の他の地区と同様にアイヌの遺骨が掘り起こされた。そしてその遺骨は富川《とみかわ》の共同墓地に埋葬された。

しかしこの福満の場合は他の地区とは異なる展開があった。門別町(当時)が委託した業者が、ブルドーザーでアイヌ遺骨を掘り起こしていたその現場に居合わせた人々がいたのである。福満に先祖の墓があるアシリレラ(山道康子)氏らである。

アシリレラ氏は福満でアイヌの慰霊祭を行い、アイヌの人々の遺骨を発掘することとその場所の墓標を引き抜くことを断固拒否したのである。業者が遺骨を掘り出した場合、遺骨は一体五万円で町が引き取ることになっていた。そのため業者は、「金儲けの邪魔をするな」「お前も埋めてやる」などの暴言をアシリレラ氏に浴びせたという。しかし、アシリレラ氏は抵抗を続けた。このことにより、アシリレラ氏の遠い親戚にあたる祖先の遺骨と墓標は現在もかろうじてそこに残っている。ここは数少ないアイヌ墓標がそのまま残っている場所である。いまひとつは長知内《おさちない》の共同墓地で、そこにもアイヌ墓標が残っている。

　アシリレラ氏ら有志はそのとき、ブルドーザーが掘り返した遺骨の破片を集め、かろうじて引き抜かれなかった墓標のそばに木を植えて、その根元に遺骨の破片を埋めた。ブルドーザーでの遺骨の掘り起こしはその後も一年間ほど続いたというが、遺骨の破片を集め、二〇〇二年（平成一四年）に「山川力氏の碑」を建立し、その碑の下に遺骨の破片を埋葬した。山川力氏は『アイヌ民族文化史への試論』などの著作で知られるアイヌ研究者であるが、晩年はアシリレラ氏と活動を共にしていた。この碑には、

写真12　かろうじて残されたアイヌ墓標。左が男性の碑、右が女性の碑

「アイヌの言魂を語り伝えたシサム　山川力氏碑　せめて魂をエゾ地で眠らせたや」

と刻まれている。この碑の下には山川氏の遺骨はないが、数多くのアイヌの遺骨の破片が集められ埋葬されている。周辺には木造のアイヌ墓標が立てられ、アシリレラ氏ら有志が毎年慰霊祭を行っている。

旧上貫気別（現・旭）墓地慰霊碑

明治期に新冠《にいかっぷ》姉去《あねさる》地区が天皇家の御料牧場となった。アイヌの人々はそこから強制的に移住させられた。その移住先が平取町貫《ぬ》気《き》別《べつ》旭《あさひ》である。現在、旭の笹薮のなかにアイヌの人々の墓地があり、そこに一つの碑が建立されている。今でもこの地域は草深く、小さな林道の脇を数十メートルほど入っていったところである。人が訪れることは滅多になく、その碑の存在を知る人は多くないと思われる。

一九八八年一二月一五日、第八回平取町議会定例会議の一般質問で盛昭夫議員が「消費税」「泊原発・幌延核廃棄物施設」「アイヌ問題」について質問を行った。アイヌ問題では上貫気別における強制移住の問題について次のような質問をしている。

　平取町におきましても旧憲法下の明治、大正、昭和におきまして天皇政《ママ》絶対主義の犠牲になったアイヌの方々が旭の奥地の山林で墓標も朽ち果てる状態となり、その中で二、三人の方が墓参りしている状態でありますが、訪れる方も無く無縁仏の如く地中に眠っているわけであります。ここで眠っている方々は大正五年、新冠の五稜《ママ》牧場アネサル地区より天皇政《ママ》の下で住み馴れた所から強制的に移住された方々で、いわば現在の旭の奥地の農業の基礎を築きながら寒さや飢えと闘いながら倒れていった方々でありまして、アイヌの方々には本当に誇りにできるウタリではないかと思うわけです。

地域の現在生きているアイヌの方々の意見を聞いたりして、今後どのようにあの墓地を扱っていくか計画があるのでないかと思いますが、それについてお伺いしたいと思います。[1]

この盛昭夫議員に対する平取町長の答弁は以下のようなものである。

三点目のアイヌ問題につきまして過般、私が留守中に盛議員さん初め共産党の関係の方が見えられまして、党としてのアイヌ問題に取り組む姿勢というものについて、私共にお話しがあったことを承知しております。

現在、アイヌ問題につきましては北海道がウタリ協会からの要請に基づいて相当時間をかけて検討し、そしてそれを国に上げているところであります。

議会におきましても陳情を受けまして色々な角度からこの問題について検討協議をいたしているところであります。

私はそういうものを十分踏まえながら、今後アイヌ問題の望ましい方向を探りながら、いわゆるアイヌの都と言われる平取の地域の将来の発展のために共産党さんの考えておられることについても今後十分勉強させていただきたいと考えているところであります。

又、旭の墓地については実は改修計画が決してなかったわけではありませんが、具体的なご提案もないままに今日に至ったということを率直に申し上げなければならないと思います。

現在、まだあそこに墓地を持っていて墓地のお参りに行かれるというようなこともあるとすれば、現状のままでいいのかどうか。或は又、もう大自然に帰っているということであるとすれば、それを犯さないような措置をどうとるべきなのか。

十分、地域の皆さんの声も聞きこれらについてどういうあり方が最も望ましい祖先を大切にする在り方であるのか検討いたしまして、善処をしていくようにいたしたいと考えているところでございます。[2]

以上の平取町議会定例会議における答弁の後、翌年一九八九年には「墓地火葬場費」のなかの区分「工事請負費」の「旭旧共同墓地記念碑設置工事費」として町から五〇万円が歳出され、「旧上貫気別墓地」の碑が建立された。

碑文は以下のとおりである。

平取町は肥沃な大地と豊かな自然に恵まれその開拓は古く父祖は昼なお陽光の届かない原生

写真13　旧上貫気別墓地

写真14　旧上貫気別慰霊碑

林に挑み上貫気別を開いた明治大正の馬耕時代及び軍用馬生産のため新冠牧場は拡大され御料牧場へと変遷したが一九一五年（大正四年）姉去コタンを追われ上貫気別に強制移住になった人々の悲しさには壮絶なものがあった　この郷土に開拓の心血を注ぎ根を下ろした先駆者の事績を後世に伝え諸霊に参列者のみな様と共に鎮魂の誠を捧げます

平成二年八月　　平取町長　安田泰郎

アイヌ民族の強制移住の歴史を碑文で明らかにした点において、この碑文は平取町の他の地区と異なる際立った特徴を見せており、アイヌ民族の歴史に対する町の認識の大きな前進ともいえる。この場所では毎年、「アイヌモシリ一万年祭」の最終日にカムイノミが行われている。しかしこの旧墓地と記念碑は非常にわかりにくい場所にあり、そのことを知る人は関係者以外あまりいないものと思われる。

註

1……『昭和六三年第八回平取町議会定例会議録』、一九八八年、一三頁
2……同前、一六〜一七頁

旧金山線栄駅

一九一八年（大正七年）、北海道鉱業鉄道株式会社は沼ノ端《ぬまのはた》—金山《かなやま》間を鉄道区間（金山線）として敷設することを決定した。その後社名を「北海道鉄道株式会社」と変え、一九二〇年五月から沼ノ端—辺《へ》富内《どない》（現・富内《とみうち》）間約七三キロメートルの敷設工事に着工した。第一次世界大戦中の好景気を背景に、この北海道鉄道金山線が「国営鉄道として敷設されることが計画されたが、他の路線敷設に予算が充てられ、国営鉄道とはならなかった」（『新穂別町史』一六一〇頁）。

金山線は、一九二二年七月二四日に沼ノ端—生鼈《いくべつ》（旭岡《あさひおか》）間が、同年一一月一一日に生鼈—辺富内間が、一九二三年六月一二日に生鼈—似湾《にわん》間が開通した。この金山線の敷設工事は、タコ部屋の労働者による過酷なものであった。そのことについては数多くの証言があり穂別町史にも記述されている。

写真15　旧金山線、栄駅付近。現在は浄水場施設

写真16　旧栄駅鉄橋跡地の多くのタコ部屋労務者等が埋められているとする丸山。建設事務所私有地なので現在は立入禁止となっている

一九七九年（昭和五四）、仁和墓地整備の工事施行中に、鉄道工事の土工夫（タコ人夫）死体二十数体が着物を着用、地下足袋をはいたまま発見され、無縁仏として埋葬された。

（『新穂別町史』一六一三頁）

親方の下にタコ一〇人に一人の割で棒頭というのがいたが、ガケの高い所に立ってタコを監

視する。タコはフンドシ一本でトロッコを押しているが、もさもさしていると、降りてきて棒でなぐるんです。似湾に平野という医者がいまして、ここへケガしたのを置いて行く。で、少しでも遅いと、やすんでいると思って迎えに来て、逆さにして引っ張って連れ帰る。「アー・アー」と泣き叫ぶのですよ。近くに駐在所があって巡査もいたが、どうすることも出来ないんです。つらくて川を渡って逃げる人もいたが、つかまると大変だ。火あぶりにかけ、死ぬまでたたくんです。栄駅の丸山の信号の側に鉄橋があって、この下にまだ息をしている人を埋めた。大した埋めたんですよ。昔、雨の降る日には火の玉がよく出たもんです。実際私も何度も見ている。

(『古老は語る——西尾清則』穂別町、一九八六年。『新穂別町史』一六一四頁)

証言中の「丸山」というのは固有の地名ではなく、丸く小高い山という意味の通称である。また、鉄橋や信号はすでに撤去されている。川岸には浄水場が建てられ柵に囲われ、瀕死の労務者が多く埋められたという場所は現在、川に隔てられて通行することができなくなっている。

穂別町では、一九八五年頃から町の古老から話を聞いて、「古老は語る」というシリーズを町の広報誌に連載する企画があった。しかしこの西尾氏の証言は『広報ほべつ』に載ることはなく、町史にそのまま掲載されることになった。筆者は、穂別町教育委員会の協力を得て穂別町図書館に保管されている西尾氏の証言テープを聞くことができた。二五年前に録音されたままの証言テープが他に数十本あるということで、穂別町では一九八五年に録音されたテープを原稿に起こす作業をしているという。鉄道敷設に限らず、町の近代史における知られざる出来事が発掘される可能性がある。

写真15は、かつての金山線の栄駅《さかえ》から橋に向かう場所である。浄水場の門をまっすぐ進んだところが橋である。写真16は栄駅の鉄橋跡である。浄水場の柵の向こうにかつて橋が架けられていた。小さな丸い山の中にタコ部屋労働者の遺体が埋められたとされる。

幌毛志隧道（むかわ町安住、平取町幌毛志）

一九二二年（大正一一年）には辺富内《へどない》（現・富内《とみうち》）まで開通していた金山線だが、辺富内線は十勝から日高を経て辺富内にいたる一一四キロの道南と道東を結ぶ鉄道として敷設が決定された。沙流《さる》川・鵡《む》川《かわ》の上流地域のクロム・石炭などの資源の開発と運搬が目的とされ、富内から振内《ふれない》に至る路線の敷設が急がれたのである。振内には日本国内での総生産量の六割を供給するほどのクロムを産出した八田鉱山があり、その先の岩知志《いわちし》・仁世宇《にせう》には日東鉱山・新日東鉱山などがあった。クロム運搬のための鉄道敷設は急務であり、辺富内線敷設の当初の目的でもあった。

辺富内—振内間の隧道工事は一九四一年（昭和一六年）一月に着工した。しかし膨張性土質であったことや湧水などの障害があり、一九四四〜四五年一月に四カ所の坑口の工事を中止した。終戦後の一九四六年一月から工事を再開したが、一九四八年九月にGHQの指令により工事は中止となった。それからさらに五年後の一九五三年二月に新規着工路線として採択され、一九五六年八月に工事が再開され、一九五八年一一月に完成した。中止の期間を含め着工から完成まで実に一八年が費やされたのである。

この隧道工事には多くの朝鮮人労務者が従事し、また多くの犠牲者が出ていたという数多くの証言がある。

萱野茂氏は一九八八年（昭和六三年）六月の平取町議会で平取町史の編纂について町に要望を述べている。平取の各地域の歴史を「部落史」として地域の視点からまとめておき、数年後にそれを町全体の百年史のような形で編纂する、また、そのためにも地域の歴史をよく知る高齢者の方々の聞き取りを早く行うことを以下のように要望している。


八田鉱山の記録、日東鉱山の記録、マルホン鉱山の記録それからポロケシの隧道工事の悲惨な記録、色々なことがあります。そういうことでそれぞれの地域の人達から聞いてそれを原稿に書くということは昔の町史編纂とは違います。そういう意味で早いうちに、今急に早速ハイとは言わないでしょうけれども、心のどこかに留めておいて是非予算化するようお願いしておきたいと思います。[1]

この萱野氏の要望を受けて町長は「手軽にできる古老の記憶をきちんとテープで保存するようなことは不可能ではない」とし、一〇年先になるかしれないが、正確な資料を整備していくことを講じていくと答えている。

この町議会から一五年後の二〇〇三年に『平取町百年史』が発刊された。これは一〇〇〇ページを

旧金山線
栄駅／
幌毛志隧道
（むかわ町安住、
平取町幌毛志）

越える大著となり、各集落の歴史が巻末にまとめられている体裁になっているが、萱野氏が要望した「ポロケシの隧道工事の悲惨な記録」についてはいっさい記述されていない。

筆者が振内の郷土史を執筆するにあたり、二〇〇六〜〇八年にかけて調査をするなかで、現在耕作もされていない幌毛志《ほろけし》一帯がかつて朝鮮人宿舎やタコ部屋が建てられていた場所であることがわかった。そしてそこから抜け出した朝鮮人やタコ部屋労働者を匿い脱出を助けたという人々の証言を得た。それまでこの幌毛志地区の戦前の様子を記述した史料はなく、富内線が開通していた頃の活況と廃線後の衰退の様子を知る人はいても、富内線敷設の頃の公的な記録はなかったのである。

子どもの頃、富内線の建設現場近くに住んでいたアイヌの人々がいた。その証言は、いずれも非常に類似していた。富内線の建設現場近くには、多くの朝鮮人労務者や日本人のタコ部屋労働者たちが苛酷な労働現場で働いていた。当時、幌毛志地区に住んでいたS氏はたとえば次のような話をした。

子どもの頃、ある日、畑で知らないおじさんが、一生懸命草をむしっていた。突然草の茂みのなかから現れ、ものすごくびっくりした。今でもその人の顔はよく覚えている。髭を伸ばした丸顔のおじさんだった。

大急ぎで祖母に言いにいくと、「そんなに驚くことはない。同じ人間なんだから」と言って、その人のところまで行った。そのおじさんは、祖母を見て手を合わせているのを見て、祖母も同じように手を合わせ、「ごはん」というと、その人も「ごはん」というので、祖母は、「この人は大丈夫だ」といって、ごはんと味噌汁を竹のかごに入れて、そのおじさんに差し出した。

また、畑の片隅にトウモロコシを焼いた焚き火の跡をみかけることがよくあった。富内線の工事現場から逃げてきた人たちが、そこで食べたのだろうと思っていた。

一〇歳年上の兄は、一三歳くらいの頃、朝早く起きると、近くを歩き回ったりしていたが、そんなとき、畑の端っこで、葡萄を食べている人を見かけたという。それが逃げてきた朝鮮人だったのではないかともいう。その兄は一六、七歳くらいの頃、工事現場の見張り役をしていた。ま

写真17　旧富内線、第一日胆隧道富内側入り口

写真18　旧富内線、パンケオソケナイ橋梁跡

写真19　労務犠牲者を焼く煙が毎日立ち上っていたのが見えた場所（安住）。沢を越えたところが共同墓地

写真20　朝鮮人労務者が脱出してきた場所（安住）。当時は10世帯ほどが居住していた。現在はヤマギシ試験牧場

だ若かったが、労働者たちからは「監督、監督」と呼ばれていた。労務者たちが自分たちに与えられた少ない配給のタバコを兄に差し出そうとするのを、いつも断っていたという。

物置や馬小屋には、「絶対に近づいてはいけない」といつも言われた。今、考えると、そこには、逃げてきた朝鮮人たちを匿っていたのではないかと、四つ年上の姉は言う。兄は工事現場の見張り役であったにもかかわらず、そこでのあまりにも苛酷な状況にある朝鮮人たちを逃がした

り、見てみぬふりをしたり、匿ったりしていたのだろう。

戦後、兄に助けられた人が、お礼に安住の家を訪ねてくることがよくあった。中には中国人もいた。

小学校に入った頃、昭和一九年ごろだったと思うが、教室の窓から、綱でつながれた人たちが二列になって歩かせられているのを見た。先生は見るな、というけれども、見ずにいられるわけがなく、腰のところを縄でしばられ、等間隔につながれて歩かせられている人たちは、幌毛志の方の鉄道建設のために連れていかれたのだと思う。とてもたくさんの人がいた。子ども心に、一〇時の富内線に乗って来たのだな、と思った。

安住の高台にある家からは、沢をひとつ隔てたところにある共同墓地から立ち上る煙が毎日見えた。ああ、また人が死んだのだな、と思っていた。当時は火葬場などはなく、墓地の空き地に鉄板を敷いてそこに遺体を置き、火葬にしていたのだ。

最初の頃は、そうやって火葬にしていたが、最後の方になると、火葬にする暇もなく、そのまま土葬にしていたり、道端に遺体が転がっていた。あるいはそのまま鉄道に生き埋めになっていった。大人たちは、見てはいけない、といって、その遺体の上を木の枝などで覆って隠していたが、戦後、そのままではいけないということで、一九八二年、安住の共同墓地に無縁の碑を建てることにした。[2]

註

1……『昭和六三年第八回平取町議会定例会議録』、三九頁
2……石純姫「アイヌ民族と朝鮮人をめぐる記憶と表象——日高地方を中心に」『東アジア太平洋研究センター年報』第九号、四七〜四八頁

幌毛志隧道
（むかわ町安住、平取町幌毛志）

穂別の共同墓地

穂別《ほべつ》の共同墓地は一九一三年（大正二年）に三カ所、一九二五年（大正一四年）には安住《あずみ》ほか二カ所が開設された。以後、一九二九年（昭和四年）までに三カ所が設置され、穂別の共同墓地は八カ所となった。これらの共同墓地は、住民の要望により村役場が村議会の決議を経て道庁に許可申請を行い、許可が下りた後、穂別村長から北海道庁長官に北海道国有未開地処分法第四条による無償下附を申請し、開設となった。これらの墓地のいずれにも火葬場が設置されており、火葬作業は火炉もしくは露天で行われた。穂別町全域の火葬場が設置されるのは一九六五年（昭和四〇年）からである（『新穂別町史』、一四六九〜一九七一頁）。

北海道の多くの市町村では一九六〇年代から墓地の整備が行われるようになった。「墓地整備条例」のもとに、一九一〇年代から地域の共同墓地であったところが新たな場所に移転されたり、同じ場所であっても区画整備が行われた。こうした墓地整備事業が、それまでの墓地の風景を一変させたであろうことは想像に難くない。先住者であるアイヌの人々の墓は木の墓標であり、墓参という慣習もなかった。家族や親族が亡くなると遺体を埋葬し、木の墓標を立て、他に誰かが亡くなるまで墓を訪れることはない。墓標の木が自然に朽ちていくことで、魂が天国に行くのだと考えていたのである。各地の郷土史でも、新しく整備された墓地の様子を見ることができるが、整備される前の墓地の様子が記録として残されているものはない。

穂別では一九六九年(昭和四四年)、墓地の整備を行い、穂別霊園の造成を決定し、同年六月二九日「穂別町霊園使用条例」を規定し、一九七一年からは移転が行われた。これに伴い和泉《いずみ》地区の旧墓地を廃止し、新和泉墓地を開設することも決定された。新墓地の購入にあたっては申し込みと抽選が行われ、「霊園を一層美しいものとするため、抽選日当日苫小牧市から墓石店を呼んで見本を陳列させ、格安の値段であっせんするので、これを機会にできるだけ墓石に改めるよう呼びかけた」(『広報ほべつ』第一三二号、一九七一年、『新穂別町史』、一四七四〜一四七五頁)とある。

和泉地区はアイヌの人々が強制移住させられた場所であり、旧墓地はアイヌの人々の墓地であった。「できるだけ墓石に改めるよう」という呼びかけが単に「霊園を一層美しいものとするため」という審美的な理由だとすれば、それはアイヌの人々にとって耐え難いほど軽い理由としかいえないだろう。あるいは、生活習慣においてほとんど同化されていたアイヌの人々にとって、自らの文化のありようを残す葬儀と埋葬という最後の風習までが消滅させられていくという深刻な局面だったはずである。墓地の「近代化」という一見、取るに足りないような生活様式の変化だが、民族や文化にとってそれは、この上なく重要な核心的な部分への侵食であった。

さらにこうした旧墓地から新墓地への移転に伴う無縁墓の問題が各地で起こった。アイヌの人々の遺骨とともに、穂別の各地域では金山線、富内線、幌毛志の随道工事などに伴う多くの朝鮮人労務者やタコ部屋労務者の遺骨や遺体が新たに発掘されることになったのである。

穂別霊園では一九七四年一〇月二六日の旧墓地移転に伴い、九二柱の無縁仏を安置する無縁碑を建立し、入魂式が行われた(『新穂別町史』、一四七四頁)。この穂別霊園は現在仁和地区の永林寺の上方の、かつての栄駅から川を隔てた高台の場所にある。

また、一九八二年(昭和五七年)、安住にある富内霊園の整備に際し、旧墓地には当初予定した以上の無縁仏があることが判明したため、同年度の一八一四万円の補助事業では対応しきれなくなり、翌年度にも一二六万円を投入して無縁碑を建立した(同書、一四七四頁)。このことは、前述したS氏の証言のなかにもあった数多くの遺体がそのまま放置されていたことと対応するものである。

記憶の表象の暴力

北海道という地域の特殊性として、「開拓」からほぼ五世代にわたるような集落では、移住した和人たちが親戚同様の緊密な人間関係を構築していることが挙げられる。墓地整備条例により、先住民であるアイヌの人々の伝統的な墓地も近代化され、和人の墓地と同様の形態へと変貌した。そのような集落の墓地における「無縁仏」とは、近代期の極めて限定された犠牲者のものだといえよう。それは、平取の各地域で見られたような鉄道敷設や隧道工事での労務動員に関わるものであるが、公的な記録にはそのことは触れられていない。慰霊碑においても、具体的にどのような史実があったかを刻んだものは、わずかに二風谷のアイヌの遺骨に関するもののみである。

「死」は、いつも強固なナショナリズムの枠のなかでしか語られない。「国民の死」だけが記憶に刻まれるべきものであり、「朝鮮人の死」は周到に記憶と記録から排除されるべきものとなっている。

平取町や穂別町のさまざまな慰霊の空間は、多様な人々が錯綜した歴史が象徴的に示された場所であり、記憶の捏造と意図的な忘却、その忘却に抗う力が鬩《せめ》ぎ合う場所でもある。記憶をめぐる闘争は世界各地で無数に繰り広げられているが、アイヌ民族と朝鮮人をめぐる複雑な歴史を含め、日本というナショナルな枠組みで語られる記憶の呪縛の強さを痛感する。平取町や穂別町というローカルな場所の記憶の闘争は、どのような歴史を継承するのかという、ひとつの試金石となるだろう。

第五章

先住民支配と植民地主義

アイヌ人骨返還訴訟と小川隆吉氏

二〇〇七年(平成一九年)、国連総会において「先住民族の権利に関する国際連合宣言」が採択された。これを受け、翌年の二〇〇八年六月には、日本の衆参両院で「アイヌ民族を先住民とすることを決める決議」が決議された。このような決議が全会一致で採択されたことは、日本が単一民族国家であるとする従来の政府見解から大きく転換した画期的なことであった。近代期以降の和人化のなかで言葉や名前を奪われ、多くの伝統的文化から切り離されながらも、依然として屈辱的な差別のなかにあったアイヌの人々にとって、この決議が先住民としての誇りや尊厳を取り戻すための重要な契機となるはずであった。

ところが、この決議の後、二〇〇九年に政府に提出された「アイヌ政策のあり方に関する有識者懇談会」報告には、最も重要なアイヌ民族の先住権や、政府のアイヌ民族に対する謝罪や補償については何も提示されないまま、観光を中心に据えたアイヌ民族の文化と歴史の発信拠点として白老《しらおい》の「民族共生の象徴となる空間」構想が提言された。

この「民族共生の象徴となる空間」とは、「先住民族としてのアイヌの尊厳を尊重し、アイヌ文化が直面している課題に対応しつつ、我が国が将来へ向け、多様で豊かな文化や異なる民族との共生を尊重する社会を形成するためのシンボルとなる」ことを謳い、展示・体験・交流・文化施設周辺の公園機能、アイヌの精神文化を尊重する機能を備えるとしている。その内容には、歴史・文化等の総合的・一体的な展示、実践的な調査研究、伝承者等の人材育成などが掲げられているが、この「象徴空間」の際立った特徴は、「アイヌ精神文化を尊重する機能」として、「大学等にあるアイヌ人骨のうち、遺族等への返還の目処が立たないものは、国が主導して象徴空間に集約し、尊厳ある慰霊に配慮」とする部分である。

江戸時代末期からアイヌ人骨の盗掘は行われていた。近年は学問の名においてアイヌ民族の尊厳を徹底的に蹂躙する人骨盗掘が大規模に行われた。その遺骨の返還を北海道大学に求めるアイヌ民族による訴訟が二〇一二年九月一五日から始まっている。

現在、北大の動物実験室から発見されたアイヌ民族の遺骨は一〇〇〇体を越え、動物実験室の隣に立てられた納骨堂に納められている。北大だけでなく東大・大阪大などに保管されているものも含めるとアイヌ民族の人骨は一五〇〇体を超えるが、返還を求めるアイヌ民族の声はいまも踏みにじられたままでいる。これらの遺骨を「集約」するという白老の「象徴空間」とは、「尊厳ある慰霊」とはどのようなものなのか。

日本において多民族が存在することを公的に宣言した重要な決議が、「民族共生の象徴となる空間」構想によって換骨奪胎されたのみならず、アイヌ民族にとっては、さらなる屈辱と抑圧を強いるものとなってしまっているのではないか——。

小川隆吉氏から最初にお話しを伺ったのは、二〇〇六年二月八日。札幌市の小川氏宅にて、石原イツ子氏（サッポロ堂書店石原誠氏のお連れ合い）の立ち合いのもとであった。この時の小川氏の証言は石純姫「北海道近代における朝鮮人の定住化とアイヌ民族」（『東アジア教育文化学会年報』第三号、二〇〇六年）に記録されている。筆者がアイヌ民族と朝鮮人の繋がりについて聞き取りを始めてから小川氏は二人目の証言者であった。二〇〇六〜一七年までの間に、小川隆吉氏は、自伝を出版し、アイヌ人骨返還訴訟の原告となった裁判で被告北大との「和解」に至っている。小川氏にとっては多忙な時期であり、かつアイヌ史においても重要な歴史的転換期だったのではないかといえる。

朝鮮が日本の植民地となる一九一〇年以降、朝鮮人の人口統計が北海道においても明らかにされており、一九一一年（明治四四年）の六名というのが、最も早い統計で確認される人口である。しかし、統計上は記されていないものの、明治期の初期から北海道における朝鮮人の存在が確認できていることはこれまで本書で述べてきた。

小川氏の父の家は代々、朝鮮において材木商であったが、日本の植民地支配下で倒産し負債を負うことになった。小川氏の父・李秀夫氏は日本に渡り、通訳として労務者と棒頭の間で働くことになった。彼は帯広のトンネル工事に従事し、そこからの脱出を計る。日高山脈を越えてたどり着いたのがアイヌの人々の集落で、そこでアイヌの女性と結ばれ、小川隆吉氏が生まれる。なお、小川氏の半生は、二〇一五年一〇月に出版された自伝『おれのウチャシクマ』（瀧澤正構成、寿郎社）に詳しい。

小川氏は、長年にわたり、アイヌ人骨の返還について調査・活動を続けてきたが、二〇一二年に先述のように北大に対しアイヌ人骨返還を求める訴訟に踏み切った。この裁判の経緯などについては「北大開示文書研究会」発行『コカヌ　エネ（こえをきこう）』他で知ることが出来る。ここでは、その裁判の概略について記す。

一九八〇年（昭和五五年）、北海道日高町厚賀《あつが》出身のアイヌ民族である故・海馬沢博氏（武蔵大学獣医学部卒業、当時自治労の副委員長）が北海道大学総長に対して抗議文を送った。「かつて児玉作左衛門北海道大学医学部教授が法の手続きを経ず勝手にアイヌ民族の墓を掘り起こし」「人骨一五〇〇体を持ち去った事実は許されぬ問題」として、遺族への人骨返還を要求したものだった。このことが北海道新聞で報道され、当時の北海道ウタリ協会理事が実情を検分することになる。

一九八三年九月一六日、小川氏は貝沢正氏、野村義一氏、杉村京子氏、佐藤幸雄氏、葛野守一氏らと共に北海道大学医学部の「動物実験室」を訪れた。窓にはすべてカーテンがかけられ、棚にはエゾオオカミの頭骨が六個、エゾシマフクロウの頭骨が六個あり、その隣に動物たちの標本と同じように、人間の頭骨が壁一面に並び、頭骨にはひとつずつナンバーが振られ、「ＡＩＮＵ」とローマ字で説明がついていた。

同行していた杉村京子氏は泣き崩れ、「許してください、許してください……」と三度叫び、ひざまずいた。そして皿に煙草を置きその煙で供養を試みた。怒りと屈辱で目の前が真っ暗になったと杉村氏は後に話している。

三年後の一九八六年、北大医学部が納骨堂を建てることになった。しかしそれは医学部の駐車場の片隅であり、「医学部標本保存庫新営工事」と記された看板が立てられていた。「アイヌ民族納骨堂」と書かないことに対して問い合わせると「国立大学には政教分離が求められる。納骨堂建設という工事名では予算がつかないので、会計監査が終了するまで待って欲しい」という回答だった（二〇〇一年六月一〇日、シンポジウム「さまよえる遺骨たち」資料集から）。

このような経緯で納骨堂は北大の医学部駐車場に建設することになった。建物面積七四平方メートル、工事費一六四〇万円。名称は「医学部標本保存庫」であった。これは「アイヌ納骨堂」という宗教色が強い名称が使用できないとする北大側からの釈明だが、こうした度重なる衝撃的で屈辱的な経験から、小川氏は北海道大学に対して遺骨返還要求を決意する。

そのようななか、二〇〇〇年一月一〇日に小川氏に北大医学部の学生から電話がくる。「小川さんが探していたアイヌ人骨台帳と思われるものが見つかりました」というものだった。翌日、小川氏は北大の林忠行副学長と面談し、台帳の開示を求めるが、林副学長は「記述内容に差別的なものがある」という理由で開示できないと言った。その三日後に小川氏は情報開示請求の手続きを行い、紆余曲折があったものの、九月にアイヌ人骨に関する文書二七点が開示された。

二〇〇八年一月一七日、小川氏は国立大学法人北海道大学総長宛に「北海道大学医学部、児玉作左衛門収集のアイヌ人骨の台帳とそれに関連する文書」の開示を請求した。これに対して北大が開示した文書は、「アイヌ人骨台帳」と題するA4サイズ三八ページの文書であった。これはワープロ入力された印字文書であった。その元となった手書きの台帳の存在が想定された。小川氏は再度、北大に対してその文書の開示請求を出した。

二〇一一年一二月、浦河町杵臼《きねうす》のアイヌ墓地からの違法な盗掘に対して、小川隆吉氏、城野口ユリ氏他一名が、北大に対して遺骨盗掘に関する文書と遺骨返還を申請したが、北大からの返答はなかった。小川氏・城野口氏らは、二〇一二年三月一七日に北大総長との面会を要請したが、北大からは三月一四日に、面談は不可能であると回答が文書であった。これを受けて小川氏と城野口氏は三月一七日、北大総長との面会を求めて大学まで赴くが、雪のなか二時間以上待たされた結果、門前払いとなった。こうした経緯をへて、二〇一二年九月一四日、小川隆吉氏、城野口ユリ氏他一名が原告となり、北大に対してアイヌ人骨返還訴訟が始まる。

以後の裁判の経緯と人骨返還を巡る問題については、北大開示文書研究会編著『アイヌの遺骨はコタンの土へ』（緑風出版、二〇一六年）で詳細を知ることができる。以下は、同書に記載されていない事柄について記しておく。

二〇一五年三月二七日、北大は杵臼・浦幌《うらほろ》・紋別《もんべつ》における骨箱の状況を記した書面と写真を原告に公開した。大・中・小に分類された骨箱の表と地域別に分けられた箱数の表も公開された。「大」は人骨を二つに折り曲げて保管、「中」はバラバラになった人骨、「小」には頭蓋骨が保管されていた。もとはプラスチックの容器に入れてあったが、当日は木箱に納められていたという。小川氏の母方の祖父の遺骨は「大」に納められており、頭蓋骨にマジックで「小川海一郎」と書かれていたという。遺骨に対する扱いは尊厳や畏敬の念からほど遠いものだった。

小川氏らが原告となったアイヌ人骨返還訴訟は、二〇一六年三月二五日午後三時、札幌地方裁判所民事第五和解室において、「平成二四年（ワ）第二〇四九号」の「和解」が成立し、杵臼一二体の遺骨が北大から返還されることとなった。小川氏の叔父の遺体一体と特定可能な遺骨四体、特定不可能な遺骨を併せて一二体が返還される。しかし一〇項目からなる和解条項の主な点を要約すると次のようになる。(1)被告北大は、埋葬が可能となったと通知を受けた後、速やかに杵臼生活館において遺骨と副葬品を引き渡し、運搬費用を負担する。(2)被告北大はウェブサイト上で二〇一六年九月末日限り次のような公告をする。①祭祀承継者を特定するうえで必要かつ合理的な情報、②公告の日から一年を経過するまでの間に限り、当該祭祀継承者から遺骨の返還の申出を受けること。((3)〜(5)省略)。(6)被告北大は墓地使用料および埋葬に関する費用一〇六万七六〇〇円をゆうちょ当座預金口座に振り込んで支払う。((7)〜(8)省略)。(10)訴訟費用及び和解費用は、各自の負担とする。

このように和解条項は、特定可能・不可能を含む一六体の遺骨返還に関する情報を二〇一六年九月末日に限り、ウェブ上で提示するという、極めて不十分な周知の在り様であった。さらに祭祀継承者を特定しなければならないという条件、一年以内のみの返還など多くの問題がある。運搬・埋葬費用として一〇六万七六〇〇円が妥当なのかも疑問である。さらに、裁判費用に関しては原告・被告双方の負担であった。

最も大きな問題は、この「和解」には、北大から原告および遺骨を発掘され持ち去られた全てのアイヌ民族に対する謝罪が含まれていないということである。遺骨盗掘という不法行為が、人間の尊厳を傷つけるものであるという認識が北大および研究者たちの意識から欠落しているといわざるを得ない。それは、日本において先住民決議が採択された際にも、先住民族アイヌに対する謝罪がなかったことと符合する。不法な遺骨発掘を行った研究者の名誉や尊厳は守られ、盗掘された遺族をはじめとする全てのアイヌ民族の名誉や尊厳は今も蹂躙され続けていることになる。

ベルギーの国際政治学者、バレリー・ローズ氏(ルーバンカトリック大学主任研究員)は「和解」についてこう指摘する。

「和解は、一見、究極の目的のように思われます。でも、状況次第では和解など不可能だし、常に和解が必要とも限りません。重要なのはむしろ、問題は、和解が現実からいかにかけ離れているかを知ることです」(「戦争の記憶と和解」『朝日新聞』、二〇一六年二月一〇日)

この裁判における「和解」の実態と本質そのものの指摘ということができる。しかし、この裁判訴訟によって、アイヌ民族をめぐるさまざまな問題が社会に提起されたことは確かである。アイヌモシリが北海道になったとき、アイヌの居住地は政府や皇室のものとなり、アイヌは土地を奪われていく。また、植民地朝鮮においても一九〇五年以降の日本の保護国時代から、多くの日本人が朝鮮に移住し、日本とは比較にならないほど安価な値段で多くの土地を日本人が所有した。さらに一九一〇年の植民地化以降は土地調査事業が行われた。朝鮮の農民は日本語で記載された細かな土地登記手続きが理解できず、多くの農民が先祖代々からの土地を日本に奪われて日本人農家の小作として働くことになった。

そのときの手法は、まさに今回の遺骨返還の手続きと相似している。短い周知期間における難しい手続き申請が必要とされ、それを理解できない先住民や植民地の被支配者たちは、土地や遺骨を収奪される。国家における先住民支配・植民地支配の最も根源的で暴力的な収奪のあり方である。

しかし、和解後の小川氏が述べているように、先祖の骨が元の土地に帰ることができる道筋はできた。白老の共生空間への遺骨集約までに、どれほどの遺骨がそれぞれのコタンへ帰ることができるかは、今後のアイヌ民族の主体的な取り組みにかかっている。しかし本来は、北大がアイヌ民族全てに謝罪し、遺骨返還にかかわる全ての責任を担うべきものであることは言を俟たない。

二〇一六年七月一五日、北大医学部の動物実験室の隣に建てられたアイヌ人骨納骨堂から、杵臼に一二体の遺骨が返還されることになった。小川隆吉氏は「みんなで帰ろう」と木箱を叩いた。午前一一時、納骨堂から小川氏の母方の祖父、小川海一郎氏の遺骨を含む一二体は、大一・中一・小一〇の木箱に納められ、白い布で包まれ、北大が用意したワゴン車で浦河町杵臼の生活館へ向かった。午後三時に遺骨は杵臼生活館に到着し、遺骨返還訴訟の原告、故・城野口ユリ氏の弟・山崎良雄氏ら五〇人がカムイノミで遺骨を迎えた。北大副学長三上隆氏は「個人的には安心した」と述べたが、和解条項でも求められていないとして謝罪の言葉は口にしなかった。返還式ではアイヌ遺族と「会話をしない」と北大側はしていた。謝罪をめぐる話になりかねないという理由である。「謝罪なき和解」が成立した現場であった。

静内の葛野エカシが執り行ったカムイノミ終了後、北大開示文書研究会ほか、参加者五〇名ほどで車座になり、意見や感想を述べ合う「分かち合い」の時間が設けられた。そのとき、ひとりの男性が突然、「申し訳ありませんでした」と声をあげ、堰を切ったように泣きながら遺族と遺骨に向かって深々と頭を下げた。「北大の教職員として、心からの謝罪をする」とその男性は述べた。その謝罪の言葉に一瞬会場は静寂した。会の終了後、参加者それぞれが個人的に集まり談話をするなかで、彼は北大の教員として、研究者の倫理に基づき、今回の遺骨返還については謝罪すべきだと考えているると強く述べ、北大二〇〇〇人の教職員全員の謝罪を募る意思があると言った。北大の頑ななまでの謝罪の拒否の一方で、研究者個人としての良心に基づき遺骨返還に積極的に取り組む北大教員もいたのである。

七月一七日、一二体の遺骨はカムイノミの後、木や縄で作られた遺骨を運ぶ道具に乗せられ、生活館から杵臼の共同墓地まで歩いて運ばれた。馬牧場の間の道を約一キロほど行列は進み、かつて北大の研究者たちによって盗掘された墓地のその場所へと遺骨はたどり着いた。埋め戻される場所はすでに業者によって土が掘り起こされ整地されていた。その上にムシロを敷き、遺骨を納めた木箱が置かれた。木箱の上に着物をかぶせ、着物の袖口の一端にはさみで切り込みを入れる。さまざまな供物が供えられ、遺族をはじめとするコタンの会の人々がスコップで土を被せ、遺骨は八五年ぶりに故郷のコタンの土の中へと再埋葬された。

その後、業者によって、再埋葬された一部に丁寧に土が埋め戻され、そこにアイヌ民族独自の墓標クワが立てられた。クワがしっかりと地に着いたのを確認し、人々は無言のまま、後ろを振り返ることなく、杵臼生活館へと戻った。アイヌの人々の伝統的葬儀と埋葬については、多くの文献が記すところであるが、遺骨が埋葬された後は、後ろを振り返ることなく、無駄な話をすることなく、速やかに帰途に着くこととされているという。

表8　第一解剖移管——「以下の頭蓋骨を、第一解剖より移管（昭和25.2.24）」

発掘地	新番号	舊番号	番号	年代	性別	発掘状態	備考
日高	上貫気別1	上貫気別1	第1・33	成年	男	完　歳	日高・平取村字上貫気別村、原籍・新冠郡元神辺村、昭和5年埋葬、昭和8.10.28発掘
	上貫気別2	上貫気別2	第1・34	成年	男	完　歳	日高・平取村字上貫気別村、原籍・新冠郡元葛榔村、大正121月《ママ》埋葬、昭和8.10.28発掘
	上貫気別3	上貫気別3	第1・35	成年	男	完　歳	日高・平取村字上貫気別村、原籍・新冠郡元葛榔村、大正9年埋葬、昭和8.10.28発掘
	上貫気別4	上貫気別4	第1・36	成年	女	完　歳	日高・平取村字上貫気別村、原籍・新冠郡元葛榔村、大正14年埋葬、昭和8.10.28発掘
	上貫気別5	上貫気別5	第1・37	老年	男	完　歳	日高・平取村字上貫気別村、原籍・新冠郡元葛榔村、昭和2年埋葬、昭和8.10.28発掘
	上貫気別6	上貫気別6	第1・38	成年	女	完　歳 棺館なし	日高・平取村字上貫気別村、原籍・新冠郡姉去村、昭和5年4月（1930）埋葬、昭和8.10.28発掘

二〇一六年八月五日、北海道大学医学部敷地内にあるアイヌ納骨堂で、第三三回北海道アイヌ協会主催のイチャルパが行われた。この儀式において、北海道大学学長・山口佳三氏は「本学でもアイヌ民族の尊厳への適切な配慮を欠くことがあったことを反省し、これらの経験を深く記録に刻む」とする言葉を述べた。[1]浦河町杵臼での遺骨返還では、北大は謝罪について一切言及しないとしていた姿勢から、学長の口から「反省」という言葉が述べられるようになった。謝罪へ向けて一歩踏み込んだと言えるのかもしれない。

翌八月六日、北海道アイヌ協会主催、日本人類学会・日本考古学会共催のシンポジウムが開催された。学会の研究者や文科省の担当者、北大研究者などからの発言が続くなか、静内のアイヌ首長葛野氏は「アイヌのことはアイヌ自身で決める。和人の言うことには従う必要がないのだ」と述べたという。[2]

二〇一七年一月、小川隆吉氏の遺骨返還訴訟を通じて、新たに北大が保管している遺骨返還を求め、平取のアイヌ協会が立ち上がった。北大が明らかにした「北海道大学医学部保管の遺骨内訳」によると、平取町の四地区から発掘された合計一五体が北大に保管されており、このうち上貫気別から発掘された六体のアイヌ人骨があることが北大医学部『アイヌに関する研究報告一覧』「第一解剖移管」に記されている。その原籍は、姉去のものは一体、四体は新冠郡元葛檐村で、他一体は新冠郡元神辺村である[3](表8)。

註

1……「アイヌ遺骨慰霊と「反省」北大」『読売新聞』、二〇一六年八月六日
2……小川隆吉氏による証言、二〇一六年八月七日
3……北大開示文書研究会http://hmjk.world.coocan.jp/materials/list.html「第1解剖移管」

第六章

サハリンにおけるアイヌと朝鮮人

前近代期から日本統治期のサハリン(樺太)

サハリン(樺太)への日本の関与は、一六五一年(慶安四年)以降の松前氏の探索に始まる。同年、松前氏の家臣である蠣崎傳右衛門の視察が行われ、明和年間・天明五年にも沿岸漁業の状況を視察している。一七九〇年(寛政二年)には、「土人ノ漁業ニ従事スル者尠ナカラサルノミナラス、奥羽地方ヨリ渡来して同シク漁撈ヲ為ス者漸ヲ遂フテ加ワレリ」[1]という状況になる。山丹人や、アイヌ、ウィルタ、ニブフ、ウリチ、エヴェンキ、ヤクート等の先住民が居住していた島は、江戸時代にはすでに日本人が鰊漁を行うようになっていた。

一七九九年(寛政一一年)には、ロシアの南下政策に対する警備を強化するため、江戸幕府は東蝦夷地を松前藩領から幕府の直轄地とし、一八〇七年(文化四年)には松前奉行の管理としてさらに南部藩、津軽藩にも蝦夷地の警備にあたらせた。サハリンの守護には兵二〇〇を率いた松田傳十郎を送り、シラヌシ(白主)に駐屯することとなる。サハリンは当時、北蝦夷と呼ばれ、松前藩によって北蝦夷會所が設置されていた。また、シラヌシ、クシュンコタン(久春古丹=大泊)、クシュンナイ(久春内)に運上屋、勤番所、砲台を設置し、シラヌシには山丹交易所もあった。[2]

一方、ロシアは、資源開発のためにシベリアに囚人を強制移住させる政策を始めた。一七四四年には死刑を廃止し、内乱やポーランド独立運動に関わった囚人たちを大量にシベリアに送るようになる。ロシア正教会の分裂に際して宗教関係の法律違反者も増加し、そうした囚人のほか、政治犯や刑事犯、窃盗犯、喫煙者などがシベリアに送られた。それには微細な犯罪者も含まれていた。ユダヤ教、イスラム教などの囚人も流刑とされた。[3]

一八五〇年になると、ロシアは北サハリンを流刑地として囚人を送り込み、一八六九年にサハリンを正式な流刑地として定めた。

一八七五年(明治八年)にロシアと日本の間で結ばれた樺太千島交換条約以降、ロシアはサハリンが領土となると、コルサコフ港を開港し、オデッサ港から六〇〇人の流刑囚徒を送致する。一八八〇年から一九〇〇年に至る二〇年間にサハリンに送られた囚人の数は三万四四七〇人に及び、部落数は一一〇カ所に及んだ。[4]

そして一九〇四年(明治三七年)の日露戦争以後、サハリンの北緯五〇度以南が日本領となった(樺太《からふと》)。第一章でふれたロシア沿海州に移住した朝鮮人と同様、サハリンには一八七〇年代から朝鮮人の移住が見られるようになるが、日露戦争後、日本からサハリン(樺太)に移住する朝鮮人が現れるようになる。これは一九二〇年代に多く出現する。そして、一九三九年(昭和一四年)からは、強制的労務動員としてサハリンに徴用される朝鮮人が激増する。また、サハリンから九州の炭鉱等への二重徴用も行われていく(これらの強制労働とそれに伴うその後の残留朝鮮人の問題についてはすでに多くの研究がある)。

日本占領時代の一九二六年(大正一五年)、サハリンの先住民は北緯五〇度付近の敷香《しすか》(現・ポロナイスク）の北、ポロナイ川の中州サチ島に強制移住させられた。これは「オタスの杜」と称され、「オタス土人教育所」が一九三〇年（昭和五年）に設置される。このオタスの杜は先住民たちを見世物とした観光地であった。

また敷香には陸軍の特務機関があり、先住民族のなかで身体能力の高い者には召集令状が出され、諜報活動に従事する軍人として育成した。さらにここでは憲兵隊への徴用や女子挺身隊としての動員も行われた。[5]

註

1……樺太庁『樺太要覧　全』、一九一三年、二頁
2……同前、三頁
3……崔吉城『樺太朝鮮人の悲劇』第一書房、二〇〇七年、二四〜二五頁
4……石川芳太郎『サガレンの文化と富源』帝国地方行政學會、一九二三年、九〜一〇頁
5……藤川正夫「サハリン・ノート」、二〇一三年、四三頁

戦後のサハリンにおける朝鮮人とアイヌ

戦後においては、サハリン（樺太）からのいわゆる日本人の「引き揚げ」とは別に、樺太アイヌ（サハリンアイヌ）に対する強制的移住が行われた。樺太千島交換条約によって、サハリンのアイヌ民族が強制的に北海道に移住させられた事実については、多くの文献・資料が明らかにしている。その後、日露戦争によって、日本が樺太の北緯五〇度以南を占領した際、ほとんどの樺太アイヌの人々はサハリンに戻って行ったと言われている。しかし、その際、戻らずにそのまま北海道に定住した樺太アイヌの人々がいたことも証言から明らかになっている。

樺太千島交換条約から日露戦争までの間、一度も北海道に移住しなかった樺太アイヌの人々も、戦後、サハリンがソ連の統治下になったため、北海道への「引き揚げ」を強要された。そうした人々は、平取町、むかわ町穂別、和泉、その他の地区に定住するようになっていった。そこでも、朝鮮人との繋がりが少なくなかった。[1]

次に紹介する樺太アイヌとしてのアイデンティティーを強く意識される田澤守氏、楢木貴美子氏の証言からは、戦後の樺太アイヌの強制的移住の実態やアイヌ民族のなかの重層性などが見えてくる。田澤氏の証言は以下のようなものである。

北海道アイヌの仲間のなかでも、みんな知っているのだけど、これほどここ二、三年、エンチュとしての違いを主張してきたのはなかったと思います。なぜかっていうと、国連で採択された先住民宣言を達成させるためにも今は北海道アイヌの権利を回復してから、その次の段階でエンチュはいいじゃないかって言われた時に、指導者たちや政治家たちからも言われた時に、もうこれは違うなと思った。こっちができてからこっちって、じゃあ、いつできるんですかって話じゃないですか。そうじゃなくて、お互いに高め合って協力して権利を回復していかなければいけないと思って、そうして強く言い始めた。アイヌであるという自覚とエンチュであるという自覚はずっと一緒だった。物心ついたときからね。(中略)

樺太千島交換条約で強制移住させられた樺太アイヌとは違って、残留した樺太アイヌだったんで、戦後強制的に北海道に移住させられたわけです。(中略)

樺太アイヌは強制移住の歴史なんですね。対雁《ついしかり》ばかりじゃなくて、樺太の島の中でも、日本やロシアの政府の都合によって集められる。私のルーツでいえば、タランドマリ。そこに何十世帯も集める、そういうことを日本政府はした。そこには対雁に連れていかれた樺太アイヌが帰ってきたものや、北海道から行った北海道アイヌもそこに集められた。

ただひとつ、北海道アイヌと樺太アイヌの大きな違いは、北海道アイヌは「旧土人」じゃないですか。樺太アイヌは「土人」で、「旧土人」ではない。政策的にも大きな違いがある。だから一緒にされることには、絶対に過ちがある。日本人になっても旧土人ではなかった。もともと日本人にならなくてもよかった。そこまでは自由に生きてた。でも、百何十年からも、それは「奴隷」ですよ。場所請負制度とか。サハリンでもそうだった。（中略）
樺太での朝鮮人との関係は、好きあった者どうしが自然に一緒になるということはあった。私の父親の兄貴の嫁さんは朝鮮系の人だった。はっきり朝鮮人とはいえないけれど。その叔母さんはどこの出身かわからないんですよ。もともとは、私の祖母が三人兄弟なんですけど、その女二人男一人の奥さんになった。婆さんの弟の奥さんだったんです。家族を維持するっていうか、おもしろいんですよ。亡くなって、私の婆さんの長男坊を弟の嫁さんに後を継がせた。二人子どもいたんですけど、その後も何人も子ども作って。だから、北海道に移住してきたとき、小樽に行った。顔つきも朝鮮系で、エンチュと朝鮮の血が入っている。タランドマリで一緒になった。そういう例はいっぱいあるでしょうね。逆にそれが自然だったんだと思う。生きていくために必要なことで、そうしないと家族を守れなかった。[2]

また、同じく樺太アイヌの楢木貴美子氏は以下のように述べる。

親たちがまず樺太から青森に行ったんです。私は青森で昭和二三年に生まれました。両親は樺太の真岡郡広地村字タランドマリにいました。トマリっていうのは、入り江っていう意味です。タランドマリっていうのはアイヌ語で、鮭が多く上ってくるところという意味らしいんですね。そこで親たちはみんな生まれ育って、そして戦後、青森に来たんです。私は九人兄弟の末っ子で、七人まではタランドマリで生まれています。私たちの先祖はアニワ湾近くではないので、一八七五年の強制移住させられた組には入っていなかったんです。そして戦後青森に移ったんですが、私が生まれてまもなく父親が亡くなりました。それで、母親の妹が稚咲内《わかさかない》に行けば、知り合いがたくさんいるし、樺太アイヌの人たちが引き揚げてきて、そこで村を作っているよって。そこに行けば、家もあたるし、土地もあたると。そういうことで、知り合いもいっぱいいるんであれば、そこに行こうかって。父親も生きて健在であれば、そういうことも考えなかったでしょうけど。母親と八人の子どもで、そこへ移りました。二番目の姉は樺太で二歳くらいの時亡くなりました。腸を患ったみたいなんですけどね。昔の医療だから、助からなかった。現在の医療なら助かったんでしょうが、結果的には稚咲内に行ったんです。

「約束の村、稚咲内」っていって、樺太アイヌが戦後、みんなで村を作ろうと言う約束をしたんですね。それが実現したんですよ。二〇年ぐらい前にNHKのドキュメンタリーでも放映されたんですよ。半農半漁で生活を送ったところなんですね。本当に昔は食べるものもない時代でしたから、私たちも兄が四人いたんですけど、みんな亡くなって、今一人が苫小牧にいます。その兄が一七歳の時に稚咲内に来たんです。まだ私は三歳くらいで小さかったので、兄も姉も働いてました。兄が山に行って木を切ってきて萱を取ってきて、草ぶき屋根のホントの掘っ立て小屋を砂浜に建てて住み始めました。本当に砂浜ですから、風が強い日など朝起きると、布団も半分、砂のなかにすっぽり埋まってたって。兄も姉もそう言ってました。その当時は、開拓部落ですからね。日本人はほとんどいなかった。だって、日本人はこんなとこ来たくないですよ。ただの砂浜。ただ、お天気のいい日は利尻が見えて、風光明媚って、夕日もきれいで今でいえば観光名所でしょうけれど、暮らしていくには、それだけでは、とっても暮らしていけなかったですよね。[3]

樺太千島交換条約で強制移住させられなかった樺太アイヌの人々が、戦後、北海道のアイヌ民族と見做され、一度も生活の拠点を持たなかった北海道へ強制移住させられたという証言であり、近代期から戦後においても、歴史のなかで翻弄された存在として際立つ。また、先住権を巡っても、「旧土人」ではなかった樺太アイヌの、北海道アイヌとは異なる複雑な状況について述べている。抑圧されたマイノリティの社会をさらに分断させるような重層的な政策や意識がここでは見られる。故郷樺太のタランドマリから日本へ強制移住させられた樺太アイヌの人々が、幻の故郷を稚咲内という地で実現させながらも、より過酷な生活が続いたことも、この証言からわかる。そして、少なくない朝鮮人と樺太アイヌが婚姻などの血縁関係を結んでいたことも明らかになった。

その一方では、日本人と一緒になった朝鮮人やその子どもが日本に帰ることを制限され、日本人の妻だけが日本に帰還し、朝鮮人の夫はサハリンに残り離散するという悲劇も数多くあった。他方、朝鮮人の夫と共にサハリンに残留した日本人の妻で、夫を早くに亡くしたため、日本人でありながら、朝鮮族としてサハリンに定住している家族も少なくはない。帝国日本の統治とその崩壊は、多くの人々の間に悲惨な離散や矛盾した抑圧を生みだしてきた。

一九三七年(昭和一二年)八月二一日、スターリン政権下のソ連人民委員会議と党中央委員会は、極東地方の全領域から朝鮮人を南カザフスタン州、アラル海とバルハシュ湖沿岸地域、ウズベク共和国へ強制移住させることを決定した。強制移住させられた朝鮮人の総数は一七万一七八一名(三万六四二二世帯)で、そのうちウズベキスタンへの移住者は七万六五二五名(一万六二七二世帯)、カザフスタンへの移住者は九万五二五六名(二万一七〇世帯)であった。[4] 当時、日本に植民地支配されていた朝鮮の人々は親日的であると考えられ、ソ連にとって朝鮮人は危険分子と見なされたのである。

この中央アジアへ強制移住させられた朝鮮人たちは、移住先の地の過酷な状況を生き延びる。戦後の一九四六年八月二日、ソ連内務省第一九六号指令によって、極東から強制移住させられた朝鮮人全員に居住登録の制限がない国内旅券が発行されるが、一九四七年三月三日、ソ連内務省は、朝鮮人の自由な移動と極東での居住を禁止した。[5] わずか半年余りの間に再び朝鮮人に対する移動制限が行われ、後述するように、戦後のサハリン残留朝鮮人と中央アジアから帰還した朝鮮人との間に多様な繋がりをもたらした。

このような状況は一九五〇年代半ばまで続いたが、その後、ソ連における朝鮮人の市民権の制限が撤廃され、極東に戻ることが可能になった。[6] サハリンにおける朝鮮人は、日本の植民地時代とその後のソビエト政権下で、重層的にさまざまな問題を抱える存在となっていく。

註

1……石純姫『北海道における朝鮮人の移住——アイヌ民族とのつながりにおける重層的アイデンティティー』二〇一二〜二〇一五年度科学研究費助成研究成果報告書、二〇一六年、一四九頁

2……同前、一五六〜一六三頁

3……同前、一六四～一六五頁
4……クージン・T・アナトーリー『沿海州・サハリン近い昔の話——翻弄された朝鮮人の歴史』凱風社、一九九八年、一六〇～一六一頁
5……同前、一六三頁
6……同前、一六四頁

サハリンにおけるアイヌ民族と先住民族、朝鮮人、日本人の重層性

朝鮮人の父親とアイヌの母親のもとサハリン（樺太）で生まれた山下秋子氏は、戦後、朝鮮民主主義人民共和国（北朝鮮）から移住してきた男性と結婚し、現在コルサコフに住んでいる。その山下氏からサハリンの朝鮮人とアイヌとの繋がりを知ることができる貴重な話を聞くことができた。サハリンにおいても、アイヌの人々が朝鮮人を匿っていたことがわかる。

私の父はね、韓国から来ました。韓国の大邱で生まれたと言ってました。でも、私は地図がなくて、大邱がどこかわからなかったの。おじさんたちは、大邱は北朝鮮だと言っていたのだけど、ここへ来てから一〇年くらいになるけど、五年くらいに初めて地図を見ました。そうしたら大邱は南でしたよ。父は強制連行から逃げて来て、北の方から歩いてきてユジノサハリンスクまで来たの。当時は豊原。豊原で何か食べているのを見つかって、朝鮮の人だから、きれいなおじさんでしょ、「おまえたちにいい仕事がある」と言われて、「どこでも行く」って言ったら、お金をたくさんくれて、女と遊んだりして。そして、仕事のとこにいったら、タコ部屋さ。鉄道のト

ンネル作るとこ、豊原に行くトンネルのとこで働かされたって。ご飯も満足にくれないし、蕗のおつゆをくれるくらいで、だから、もうだめだと思って、友達三人と逃げたらしい。逃げたのに、車が崖から落ちて三人で逃げたけど、後ろから鉄砲で撃たれて一人が亡くなった。二人で逃げて、本斗《ほんと》の方に山から山を伝って逃げたって。そこの親方が日本の人でも心のいい人で、隠してくれたんだと。捕まって訴えられたら、そこまでだったでしょう。そうやって一年くらいいた頃にタランドマリの娘のところに入って、婿になって、わたしの母と一緒になった。うちの母さんも一八歳にしかなっていなかった。お父さんは二一歳くらい年上なんだよ。でも、たいした若く見えたと。八つくらい年上だと思っていたんだって。私はだからタランドマリで生まれました。生まれてから、私をおぶって北樺太の方へ行ったよ。山子ばっかりしていたからね、うちの父さんは。

アイヌっていう人はね、心のいい人だよ。朝鮮人をみんな隠して、七人も助けて。警察なんか来ても、何にも言わないの。朝鮮の人は悪い人もいるし、ロシア人もいい人はいいし、悪い人は悪い。だから、私は今思うのは、アイヌっていう人には警察もいらないし、何もいらない。心のきれいな人たちだ。

戦後はね、北朝鮮から来た人が多かったの。私の周りの人は、そういう北朝鮮から来た人と一緒になった人が多かったよ。韓国の人はみんな年を取った人で、北朝鮮から来た人は年が若かった。私が一八歳の時、一九四八年くらいの時、うちの父さんは、北から来た年とった人と私を一緒にさせた。私より一四歳年上だったよ。私が片づけに部屋に入っていくと、「おまえの娘か」って聞いてるの。いやあ、恥ずかしかったよ。父さんは身体が悪いし、この人と一緒にならないとだめだっていう、そういう感じだった。仕方ないから嫁に行ったさ。

サハリンで生まれた人はそんなにいない。みんな、北海道から来た人が多かった。家の母さんも北海道で生まれて、その故郷は北海道の浜道だっていうわけ。でも、ここにも浜道ってあるし、なんぼでもあるでしょって。私が三カ月の時に抱いてここに来たって言ってたから。おじいさんが年いってた人でなんぼだかわからないけど、たいした頭のいい人だったからって一緒になって、やっぱり、なんていったらいいのか、土方の大将だね。薪を切って、板を作る工場で働いていたらしい。(中略)

山下はお母さんの父さんの苗字。うちの父さんは成田になっています。結婚届けできないと。朝鮮の人と日本人は結婚届けはできませんと。だから、私は母さんの山下になっています。

私の夫は韓国に帰りました。もう九〇過ぎているんじゃないですか。その後、北朝鮮から来た人と一緒になったの。ホルムスクには北朝鮮の人が多かったから。北朝鮮で八〇を過ぎて生きている人はいない。食べ物もないって言ってたし、子どもたちもころころ死んでしまうって。私の子どももいたけど、亡くなった。

今も仕事で、北朝鮮から来ている人はいる。ちょっとあっちの山の方にいるって言ってた。私のとこにも何度も遊びに来たけど、もういいよって。

私は鉄の棒を鋳型に詰めて丸い球にして、それを針金で結ぶ仕事をしていました。だから、手に肉刺が出来てしまった。今でもあります。一八年仕事して、その仕事は女たちがしてはいけないという話がでて、本斗に行って網を作ったり、鉛を持って歩いたり。それがかえってよかったよ。三八年仕事をしました。タランドマリで仕事をしたのは、三年か四年です。そして豊原から手紙が来て、よく働いたから年金が少し上がりました。国籍はロシアです。ソ連時代はソ連国籍でした。

家では、日本の食事だった。アイヌの食事は食べたことがないよ。お父さんはキムチを食べたがったから、いつもお父さんとお母さんでキムチを作っていた。二斗樽で五つか六つくらい漬けていたよ。うちの父さんはにんにくをいっぱいまいてから作ってた。そうすると、みんながくれくれ、というので、母さんはみんなに分けたんですね。父さんは、どうしてこんなに少ないんだっていつも言ってた。母さんはみんながくれくれというからあげた、と言ってましたよ。母さんは本当に心の優しい人だったから。

アイヌの人は、ロシアの人と一緒になるより、同じ髪の毛も黒い朝鮮の人と一緒になった人が多いと、私は思います。[1]

（二〇一五年八月二三日、ロシア共和国サハリン州ホルムスク市山下氏宅にて聞き取り）

註

1……石純姫『北海道における朝鮮人の移住――アイヌ民族とのつながりにおける重層的アイデンティティー』二〇一二～二〇一五年度科学研究費助成研究成果報告書、二〇一六年、二二九～二三二頁

戦後サハリン在住韓人の記憶と現在

日本の敗戦により、戦後、サハリン（樺太）からの日本人の集団引揚げが行われた。ソ連の南サハリン民生局における日本人の日本への送還方針が発表され、一九四六年（昭和二一年）一一月二七日に戦勝国であるソ連・アメリカ間で「ソ連地区引揚米ソ暫定協定」が締結され、同年一二月五日から一九四九年七月にかけて、日本人の集団引揚げが実施された。[1] サハリンにおける敗戦時の混乱と日本へ帰還することの大変さは、侵攻してきたソ連軍の残虐さとともに日本人の記憶に刻まれ継承されてきている。

しかし、サハリンに強制連行されてきた朝鮮人や、それ以前に移住し定住化していた朝鮮人は祖国に帰ることは出来なかった。日本人の帰国事業から朝鮮人は除外されていたのである。[2] 朝鮮人の伴侶を持った日本人は、サハリンに家族を残して、ひとり日本への帰国を余儀なくされたという例も少なくない。

また、敗戦直後の上敷香《かみしすか》（現・レオニードヴォ）と瑞穂村（現・ポジャルスコエ）において、日本人による朝鮮人の虐殺事件も起こっている。上敷香では、八月一七日に警察署に集められた朝鮮人一六人が日本官憲により虐殺された。その「上敷香事件」で父と兄を虐殺された金貴順氏は韓国の釜山在住で現在も健在である。彼女は一九九二年八月一七日に、虐殺があった警察署の跡地に私費で慰霊碑を建立している。[3]

サハリンで起こったもう一つの虐殺事件「瑞穂事件」については、これまで複数の文献で詳細が報告されている。[4] 一九四五年八月二〇～二二日にかけて三人の女性と六～一二、三歳くらいの子ども六名を含む二七人の朝鮮人が虐殺された事件である。この事件では、一九四七年二月二六日に行われたウラジオストックの軍事裁判により、日本人の被告七人が銃殺刑となり、それ以外の被告はシベリアに送られた。ポジャルスコエの虐殺現場には現在、大韓民国社団法人海外犠牲者同胞追悼事業会によって一九九六年八月三日に建立された慰霊碑がある。筆者が二〇〇七年九月に訪れた際は、小高い丘の草むらの中にあったが、二〇一五年八月に再び訪れてみると、慰霊碑の周辺が整備されていた。ロータリー財団の助成によるものという表示があった。

現在、韓国安山市の故郷村に永住帰国している金潤沢氏（一九二三年釧路生まれ）の証言は、解放直後のサハリンにおける朝鮮人虐殺に日本の官憲が深く関与していた過程がわかる貴重なものである。金氏は、当時小学生だったが、記憶は鮮明である。

サハリンで暮らしたのは名好《なよし》（現・レソゴルスク）というところで、アイヌの人もたくさんいた。でも、戦後、どこに行ったのかわからないくらい、いなくなった。

これは、言ってもいいことかどうかわからないけれど、本当にあったことだ。もし、ソ連の海兵隊が二、三日遅れた場合には、僕らはみんな死んでいたかもしれない。僕がちょうど六年生になった時だった。その時は、朝鮮人と日本人は一緒に暮らしていた。それが、その時、特別に朝鮮人だけ、大熊原野《おおくまげんや》っていった農村ですよ、そこに集まれと言われた。今でもはっきり覚えています。「大熊原野の倉庫に集まれ」と言われたんです。僕の父は早くから日本に来ていたので、日本語が上手だった。それを聞いて、朝鮮人たちは荷物をリヤカーに積んだりして二日くらいかかって、その大熊原野の倉庫に行きました。山の上でした。その倉庫を探しました。そこに大きな倉庫がありました。それは日本の人たちが使っていた倉庫らしい。そこに入って暮らせ、と。

皆、疲れていて眠らなければならないし、僕たちは子どもだし、親もそう言われて、親の言うとおりにそこに入って暮らした。ところが、晩の八時くらい、少し暗くなるな、という時分に、日本の兵隊さんが馬に乗って鉄砲を下げて来て、命令のように「こっからここまではいかないようにして暮らせ」と言うんです。それは僕の眼で見て、耳で聞いたことだから。それで、そうかなって何も怪しく思わなかったよ。そこには、朝鮮人だけが集められていて、すぐそばに麦畑もあって、逃げることも出来たけど、そこにいるように言われて、そうなのかと思っていたんですよ。日本人は誰もいなくなっていた。

それが過ぎてから、三日ぐらい経ってかな、消防車が来た。名好じゅうに消防車が来た。その消防車の上に何がいたかというと、ソ連の軍隊が自動小銃を持って来て、ひとりのロシアの若い女性の通訳が降りて来て、「何も心配することはないから、明日の朝からでも、ここを出て自分の家に帰りなさい」と言った。それで、もとの家に戻ったんだ。

そのあと、あちこちの人たちが、結婚式だとかなんだとかで集まるでしょ、その時に、そういうふうに集められた朝鮮人が殺されたという話を聞いたんです。同じく集められた。内淵《ないぶち》だとか、上敷香だとか、同じように朝鮮人が集められて、日本人に殺されたと。同じような話でした。僕らのところは、そうやって戻ってくることが出来たんです。二、三日あとだったら、みんな殺されたかもしれません。だから、それが僕の昔の思い出なんだよ。助かったのは、ソ連が来たのが二、三日早かったからだと。これは、嘘じゃないんだ。僕の眼で見て、耳で聞いた事実なんだから。

樺太もね、大きいようで小さいし、小さいようで大きいんだ。場所によって違うんだね。大泊《おおどまり》では、そんなことはなかったというよ。名好は北の方で北緯五〇度の少し下あたりだったから。

日本では、ソ連軍に酷い目にあったということがよく言われているそうだけど、それは違います。日本とドイツとイタリアの三国同盟があったでしょ、もしドイツや日本が勝っていたら、我々は奴隷になってたでしょう。それは、そういう時代だったからです。

今、ここにこうして韓国で暮らしていますが、誰のために何のために生きているのか、わかりません。みんなは二〇〇〇年にここに来たでしょ、僕は六年くらい遅れてここに来ました。立派な家ももらいましたけど、また、サハリンに家族を残してきました。また離散家族です。僕はこうして平和な国に来て今いるけど、そういう昔のことを話すことはありますよ。でも、僕らの弟は、もうそういうことを記憶していないし、わからないんだ。

今、安倍首相が「時代が変わった」とよく言う。僕らの時代のことを今の時代の若い人はわからない。だから、何をどう言えばいいのか、どう伝えられるのか、言葉がないんだ。でも、どうしても時代の犠牲者というのは存在する。

私はあなたが、記者なんだか先生なんだか、わからないけど、本当にこの証言を残してくれるのかどうかわからない。あなたの方も疑っているのかもしれない。でも、これは歴史の事実として残してほしいと思っていますよ。[5]

（二〇一五年九月七日、韓国安山市故郷村にて聞き取り）


一九二〇年（大正九年）四月四日、独立運動を煽動したとして、ロシアの極東地方である沿海州新韓村で朝鮮人農民数百人の虐殺事件が起こった。[6]その後スターリンによって極東地方の朝鮮人が日本のスパイとなる可能性のある危険分子として強制移住させられた。そして日本の敗戦直後、サハリンでは朝鮮人がソ連に通じた危険分子と見なされ、日本の官憲や在郷軍人会、民間人によって各地で殺害されたのである。この事実は、植民地支配のもと国を失い、国境で生きることになった朝鮮人の悲劇的な状況を象徴するものであろう。

二〇一五年現在、サハリンに在住する朝鮮人は、ロシア人や在留日本人、または北朝鮮の人との婚姻関係を持ち、家族のありようも多様化している。北緯五〇度付近の朝鮮人は、ニブフやウィルタなどの先住民との繋がりも深い。戦後、ウズベキスタンからサハリンに戻った朝鮮人の男性は「タシケント」と呼ばれ、一時期のサハリンで、朝鮮人女性や日本人女性、あるいはアイヌ民族と朝鮮人の間に生まれた女性との間で親密な関係を持った。「タシケント」は、二、三年するとウズベキスタンなどの中央アジアにまた戻っていった。サハリンに残った女性はタシケントとの間にできた子どもを育て、ソ連時代を過ごし、現在に至っている。

戦後のサハリン残留朝鮮人(韓人)のアイデンティティーは多様である。日本の植民地時代にサハリンで幼少期を過ごした世代は、戦後も自分たちはソ連人であると思ったことはなく、朝鮮人というアイデンティティーを強く持っていたという人が多い。とくに日本時代の豊原中学で教育を受けたエリートたちにとって、その母語や文化的慣習はまさに「日本」である。朝鮮人であることで蔑視された経験を持つ人もいる一方で、日本人との友好関係を築いていた人も少なくない。

韓国安山市故郷村で暮らすサハリン・トマリオル出身の黄竜門氏は以下のように語る。

両親は一九二三年に日本の大阪に行き、それから九州に行きました。そして一九二八年にサハリンに来たんです。農業と林業をしていました。そのころ、そこには日本人が最も多く住んでいて、朝鮮人もたくさんいました。アイヌの人も大分おりましたよ。ライチシ湖にアイヌコタンがありました。そこにはアイヌの人だけが住んでいました。アイヌの友達はいませんでしたが、軍曹で山本某という人がアイヌで、髭を生やした人でした。

朝鮮人とアイヌの人が結婚することは、珍しいことですが、たまにはありました。日本人と朝鮮人との結婚はたくさんありましたね。(中略)そして、そのアイヌコタンにいたアイヌの人たちは、戦争が終わる直前くらいに、どうしたことか、全ていなくなったんです。後で聞くと、南の方に移住させられて、それから北海道のアイヌのコタンとかどこかに行ったんだということでした。日本人が日本に帰国したのは一九四七年より後でしたが、アイヌの人たちはそれよりも早く、全く姿を見なくなりました。（中略）

これは、私個人の話ですよ。他の人はどうかわかりませんが、韓国にあの時、もし帰ったとしても食べるものもない、住むところもあったかどうかわからないけれど、サハリンでは、黒パンを腹いっぱい食べることが出来たんです。もしか、一九四八年に帰国できたとしたら、一九五〇年に南北戦争（朝鮮戦争）が始まって、その時、私は二〇歳でしたから、その戦争に行っていたら、今、ここでこうして話しなんかしていなかったかもしれないと思いますよ。もしか、あの時帰っていたら、ここでみんなと会うことも出来なかったかもしれないと。もちろん、全部が全部死んだわけではないだろうけど。

そして、一九五二年に、日本から最初の墓参団が来ました。そこで、昔の子ども時代の友達に再会したんです。びっくりしましたね。「おまえ、生きていたのか」と。その人たちから手紙が来ること、来ること。そしてその人たち六〇人くらいがカンパして私を日本に招待してくれたんです。一週間から一〇日間、日本に滞在しました。それで四〇年ぶりですか、みんなに再会したんです。日本に帰った人たちは、私はもう生きていないだろうと思っていたんです。墓参団の人たちは、あの時、置き去りにしてきた韓国人には、そうとう恨まれているだろうなと思いながら、サハリンに来たらしいです。でも、私たちはおおいに歓迎して、パーティを開いたりしたら、あの人たちは涙流して感激したりしてね。

韓国に来てからも四泊五日で日本に行ってきました。大阪、京都、奈良、神戸。大阪に行ったときはね、学校時代は勉強したから、大阪城というのは知っていましたけれど、見るのは初めてでしょ。奈良の大仏も。それだけ、日本の「国史」を習ったんですよ。外国の歴史も知らず、日本の歴史を習ったわけです。大阪城の天守閣に登ったりして。

日本が戦争に負けたと分かった時は、やはり、私は日本の教育を受け、日本人とも仲良くしていたので、残念だなという気持ちが強かったですね。負けてよかった、という気持ちはなかったですね。日本人と一緒に悲しみました。

一九四七年に日本人が帰国していくときは、本当に寂しかったですね。それから四〇年過ぎるまで全然、連絡もなかったですからね。ゴルバチョフの時代からペレストロイカが始まって、「鉄のカーテン」ってあったでしょ、それが、なくなってから、自分たちで文通を始めたりしました。[7]

戦後サハリンで一九六〇年代くらいまでに生まれた世代は自らを「朝鮮人」とする意識が強い。しかし、現在の「サハリン残留韓人」は、自らを「ロシア人」と思うようになってきている。

残留を余儀なくされた朝鮮の人々は祖国韓国への帰国を望み、ソ連の国籍取得をすることはなかった。朝鮮民主主義人民共和国の国籍取得も奨励されたが、そうした場合、韓国への帰国が不可能になることから、戦後七〇年近くを無国籍者で過ごした人がほとんどである。そうした人々を韓国では「サハリン残留韓人」という。

一九五七年(昭和三二年)、鳩山一郎内閣が、日本人と婚姻関係にある外国人の入国を決定し、同年八月から一九五九年九月まで七次にわたって四一九家族、約二〇〇〇人の集団引揚げが行われた。その後も五〇家族の日本入国があった。[8]

一九八七年七月に結成された超党派の「サハリン残留韓国・朝鮮人問題議員懇談会」と、後に事業を委託された日本赤十字を通して、一九九九年二月、日韓両政府の支援で韓国仁川に「サハリン残留韓人」のための福祉施設が完成し、約一〇〇名の帰国者が入所した。二〇〇〇年には安山市に「故郷村」と呼ばれる高層アパート群が建設され、二〇〇〇年の二～三月に四〇七世帯が永住帰国をした。[9]「サハリン残留韓人」にとっては、念願の永住帰国であった。しかし、筆者のこの調査からわかったことは、サハリンに移住した朝鮮人たちのより複雑なアイデンティティーの問題である。故郷村のアパートで夫婦二人で静かに暮らす現在の日々を「今が人生で一番幸せだと思う」と語る人がいる。その一方で、多くの人々が異口同音に家族が再び韓国とサハリンとの間で離散したことを嘆いている。帝国主義時代の日本と戦後の分断された祖国との間で、多くの「サハリン残留韓人」たちは翻弄され、家族と引き裂かれているのである。

註

1……クージン・T・アナトーリー『沿海州・サハリン近い昔の話――翻弄された朝鮮人の歴史』凱風社、一九九八年、二四五頁

2……玄武岩「サハリン残留韓国・朝鮮人の帰還をめぐる日韓の対応と認識――一九五〇～七〇年代の交渉過程を中心に」、二〇一二年。今西一編著『北東アジアのコリアン・ディアスポラ――サハリン・樺太を中心に』小樽商科大学出版会、二〇一二年、一六六～二〇五頁

3……二〇一五年八月二五日の筆者によるサハリンポロナイスク調査。藤川正夫『サハリン・ノート』、二〇一三年

4……林えいだい『増補版　証言・樺太朝鮮人虐殺事件』風媒社、一九九二年。崔吉城『樺太朝鮮人の悲劇――サハリン朝鮮人の現在』第一書房、二〇〇七年。藤川正夫前掲書

5……石純姫『北海道における朝鮮人の移住――アイヌ民族とつながりにおける重層的アイデンティティー』二〇一二～二〇一五年度科学研究費助成研究成果報告書、二〇一六年、二五〇～二五一頁
6……崔協・李光圭『多民族国家韓人社会』集文堂、一九九八年、一七六頁
7……石純姫前掲書、二四四～二四七頁
8……崔吉城前掲書、二二三頁
9……同前、二二六～二二七頁

第七章

戦後におけるアイヌ民族と朝鮮人

朝鮮人の朝鮮民主主義人民共和国への帰還とアイヌ民族

一九六〇年代、在日朝鮮人の朝鮮民主主義人民共和国への帰還事業が隆盛を極めた。経済的格差や差別の面から、当時〝理想の社会〟と思われていた「祖国」へと帰還していく朝鮮人(家族)が多かったのである。

この帰還事業は、一九五九年(昭和三四年)から一九六八年(昭和四三年)まで、全国の日本赤十字社支部が窓口となって行われた。日本赤十字北海道支部編『北海道の赤十字その百年』によると、日本赤十字社から朝鮮赤十字社への最初の帰還事業の要請は一九五九年一月で、在朝鮮の日本人帰国が要請され、在日朝鮮人の帰還援助が申し添えられたものである。日本人の帰国については一九五六年二月に共同コミュニケが調印され、同年四月二三日、海上保安大学の練習船〈こじま〉が帰国者三六人を乗せて舞鶴港に入港して終了していた。在日朝鮮人の帰国に関する協定(カルカッタ協定)が成立するのは一九五八年八月のことである。[1]

在朝鮮の日本人の帰国後、日本人が乗って帰ってきた〈こじま〉への乗船要求が在日朝鮮人から起こり、日本赤十字社前での座り込みや九州大村収容所で帰国待機していた朝鮮人たちのハンガーストライキなどが起こった。そして一九五八年九月一六日、朝鮮民主主義人民共和国側は日本からの帰国者を引き取る用意があり、その輸送を引き受けるという外相声明を発表した。日本政府も一九五九年二月一三日の閣議で共和国への帰還を認め、同年四月から日本赤十字社代表と朝鮮赤十字社代表がジュネーブで会談を行い、八月一三日、インド・カルカッタにおいて、在日朝鮮人の帰還に関する協定が調印された。[2]

表8に北海道における在日朝鮮人帰還事業の内訳をまとめてみた。一九五九年から一九六七年まで七〇回にわたり、六四七世帯、二〇七三名が北海道各地から朝鮮民主主義人民共和国へと帰還したことがわかる。

その一方で、当時のサハリンから日本への帰国では、日本の敗戦と同時に日本国籍を失った朝鮮人は日本(北海道)に「帰る」ことがで

表8　北海道在住朝鮮人の朝鮮民主主義人民共和国帰国状況

年	回数	世帯数	人数	添乗始発地(回数) 終着地は全て新潟
1959	5	73	275	札幌、旭川(3)、北見
1960	11	273	1006	伊達(2)、釧路(2)、北見(2)、旭川(4)
1961	10	152	506	伊達、栗山(3)、北見、浦河、釧路(2)、札幌
1962	7	24	66	札幌(2)、旭川(2)、釧路、伊達、北見
1963	7	21	43	浦河、伊達(2)、旭川(3)、札幌
1964	4	19	39	札幌、北見、釧路、伊達
1965	10	34	57	旭川、札幌(3)、伊達(2)、函館、栗山、浦河、北見
1966	9	21	37	札幌(9)
1967	7	30	44	札幌(7)
計	70	647	2073	

［日本赤十字北海道支部編『北海道の赤十字その百年』高木書房、1987年より作成］

きなくなっていた。日本人と一緒になった朝鮮人の伴侶やその子どもでも日本に帰ることは制限され、日本人の妻だけが日本に帰還し、朝鮮人の夫はサハリンに残るという悲劇も数多くあった。他方、朝鮮人の夫と共にサハリンに残留した日本人の妻が、夫を亡くしたため日本人でありながら朝鮮族としてサハリンに定住した例も少なくはない。帝国日本の統治とその崩壊が、多くの人々に悲惨な状況をもたらしてきた。

日本に移住したり、徴用されて日本にきた朝鮮人は、圧倒的に朝鮮半島の南の地域――現在の韓国から来た人が多かった。もともと北の方からの日本への移住は少なく、一九六〇年代に北の朝鮮民主主義人民共和国へ「帰還」したのは、そこが故郷ではない、南出身の朝鮮の人々であった。筆者は戦前・戦中に北海道へ移住した朝鮮人たちがどのようにこの帰還事業に関わっているかを調査した。

日本赤十字社の百年史では、八万数千人が共和国へ「帰還」し、北海道からも二〇〇〇人を超える人々が共和国へと移住したとある。[3] しかしこの事業を推進した在日朝鮮人総連合会本部はそうした資料はないとしている。また日本赤十字社はほかにも名簿などの資料を保管しているのだが、筆者の問い合わせに個人情報保護法により公開は難しいと回答している。筆者の聞き取り調査では平取と穂別から帰還した人がいるとの証言を得ている。しかし日本赤十字社の統計には「平取」「穂別」といった「始発地」は見られない。これは帰還者たちが鉄道に乗って行った、とする証言から、札幌がその始発地となっているからと考えられる。

「平取」「穂別」から共和国に帰還した朝鮮人のなかには、アイヌの女性と所帯を持っていた人もいた。二風谷に在住するアイヌ女性は、朝鮮人とアイヌの世帯(朝鮮人の夫とアイヌの妻とその二人の子ども)

と親戚関係にあったが、この家族が穂別から共和国へと帰還したことを証言した。また、口に入れ墨をしたアイヌ女性が朝鮮人の夫と共に共和国へ行った、という話もある。[4]つまり、この時期の共和国への帰還者には、朝鮮人や日本人妻だけでなく、アイヌ女性の妻なども少なからずいたということである。

在日朝鮮人の帰国事業は、一九六〇年代に全国的な規模で行われた。戦後の援護法や社会保障制度からすべて除外された在日朝鮮人が唯一、支給の対象となっていた生活保護を断ち切り、日本の植民地支配の歴史的責任を問うこともせず、経済的負担を軽減させることを一義的な目的として朝鮮民主主義人民共和国へ帰還する――そのことが奨励された。この経緯について知ることが出来るのは、前述『北海道の赤十字その百年』であるが、実際にだれが共和国へ「帰国」したのかがわかる名簿等の一次資料を見ることは困難である。

ひとつだけ、平取町において、朝鮮人の「帰国」に際しての資料が存在する。平取町去場の張一竜氏一家七名が共和国へと旅立つ時に平取町役場前に植樹をしたという役場の広報誌に載った記事である。帰国に際し張氏は、五月四日に平取町役場を訪れ、帰国記念に役場前の庭に松を植樹しているのである。

私が日本在住期間中は何かと皆様方にお世話になりましたが、私には何のお返しもできず心苦しく思っております。私が帰国したあと、この庭の木を見て、張が植えた木はこれかと思い出していただければ幸いと存じます。皆様方のご恩は私の生涯を通じて忘れることのできない思い出となるでしょう。帰国の上は日本と朝鮮が仲よくいつでも自由に行き来ができるよう頑張ります。
（『平取町政便り』一九六〇年五月二五日）

張氏が平取町の人々と友好な関係を築き、将来にわたってもその友好関係が続くことを祈念していたことが一読して理解できる記事である。しかし平取町役場の敷地内には、張氏の植樹を記述した碑などは一切なく、植樹されたという松も現在は全て伐採されている。平取町史で朝鮮人が町民と共存し、友好的な関係を築いていたという記憶は忘れさられている。

戦前や戦時下における朝鮮人の北海道への定住化は、アイヌ民族との深い繋がりのなかで形成されてきた。しかしそれは、語られることを憚《はばか》られる事実であり、現在もその禁忌から解放されているとは言い難い。筆者が聞き取り調査を行った際、記録されることを拒否したアイヌの方もいた。アイヌ民族であることを誇りとし、文化伝承を行いながらも、朝鮮のルーツを持つことを明らかにすることに対する断固とした拒絶であった。一方でその方はアイヌであることや朝鮮以外のルーツに対しては非常に積極的に話してくれた。ここに、日本におけるアイヌ民族と朝鮮人との屈折した関係性が表れているように思える。

註

1……日本赤十字社北海道支部編『北海道の赤十字その百年』高木書房、一九八七年、六二五頁
2……同前、六二六頁
3……同前、六二五〜六二七頁
4……一方で、当時、共和国への帰還事業を担っていた朝鮮総連幹部によると、口に入れ墨のあるようなアイヌ女性は共和国へ行くことを許可しなかったという証言もある。入れ墨のない場合には許可があったという。

済州島「四・三事件」と在日朝鮮人

日本の敗戦後、朝鮮半島は日本の植民地から解放されたが、その歓喜も束の間、アメリカとソ連の冷戦の最前線となり、一九五〇年（昭和二五年）六月に朝鮮戦争が起こり、北と南の同胞が戦闘し合う悲劇となる。その最も早い時期の戦場となったのが、済州島であった。

一九四三年、日本に対する基本原則を定め連合軍が発した「カイロ宣言」には、「朝鮮人民の奴隷状態に留意し、適当な手筈を経て朝鮮を自由かつ独立の国とする」とあり、朝鮮半島の「信託統治」が連合国によって合意されていた。しかし、日本の敗戦時、この「信託統治」案は、朝鮮における民族主義者、右翼、反ソ・反共主義者、親日派など、南北双方の多くの朝鮮人の激しい反対運動にあった。この運動は「すねに傷をもつ親日派が民族独立の大義をもって政治的に復権する格好のチャンスを与えた」[1]とされる。

ブルース・カミングス『朝鮮戦争の起源1』[2]では、解放直後の米ソ占領下での朝鮮半島の詳細が一次史料によって明らかにされている。この史実の検証は非常に重要である。

カミングスはまず、一九四五年九月二二日、南の左翼新聞『労働新聞』が以下の声明を掲載していることを述べている。

われわれのなすべきことは、敵である日本人とのつながりを持たないあらゆる階層の国民を包含する完全な独立国を樹立することである。ソ連は四大国のなかでもあくまでも労働者と農民の主権を主張するだろう。(中略)

今年は一切の農産物を日本へは送らない。日本人に帰属する収穫物は人民委員会の手で徴収される。(中略)

悪質な親日分子は完全に一掃される。「親日派」陣営の内外にいる不純分子にたいしては断固たる追放処分をとることになろう。[3]

この声明は、北に社会主義政権の樹立を計画していた朝鮮半島全域の人民委員会の要求を反映したものとも考えられる。しかし日本の敗戦当時の社会主義国家連邦ソ連の軍隊は略奪や強姦などの蛮行を満洲などで行っていた。「強姦や略奪についての詳細は南に逃れた日本人によってさらに増幅されたが、日本人は北における工場や鉱山を破壊し、それに北から脱出するための費用に当てるべく大量の紙幣を印刷することによって経済そのものを徹底的に破壊したのであるから、他人を非難しうる立場にはなかった」[4]とカミングスは述べている。満洲におけるソ連の撤去の調査を行ったポーリー委員会は一九四六年六月の報告で、朝鮮では南に撤退する日本人による破壊行為の可能性やソ連の技術者が損害を受けた工場の復興に努力していること、ソ連が北朝鮮の産業を残すべく「意識的努力」をしていることなどを伝えている。[5]

ソ連軍だけでなく、アメリカ軍も朝鮮半島においてさまざまな略奪行為を行った。そのことはあまり語られてはいないが、「強姦の報告はたえずあったし、一九四五年には京城帝国大学（その後ソウル国立大学に改名）の建物の一部はアメリカ兵の宿舎として徴用され、図書館や実験室ではひどい略奪と破壊が行われた。さらに、アメリカ兵が三八度線を越えてくる難民から金を没収したという証拠はいくらでもあるし、それが当たり前のやり方になっていた証拠も十分にそろっている」[6]という指摘は重要である。

また、ソ連軍のなかには朝鮮人の将校も存在し、ロシア人に命令を下すこともあったとし、その一方でそれとは対照的にアメリカ軍は二人の朝鮮人を「ハウスボーイ」として雇っていたとアメリカ人の人類学者デーヴィッド・オムステッドは述べている。[7]

この占領期、南朝鮮における米軍の朝鮮民族の蔑視があり、反共政策のもと、朝鮮民族を敵視する政策がアメリカにより進められていた。日本人の朝鮮人への差別意識が、敗戦後も米軍占領下で継続していたと言える。

一方、ソ連統治下のサハリンでは、たとえスターリン時代にあっても、解放後はロシア人と朝鮮人は良好な関係であったというサハリン残留韓人の証言がある。

敗戦後、ロシアの人たちが入って来たでしょ。そういうこと（差別）はしません。その前の日本の人たちは、樺太に入ってきたけど、「チョーセンジン、チョーセンジン、アオナッパ」だとか、ニンニク臭いとか、もうそういうふうにいじめられたけど、ロシアの人たちは、そういうことは全然なかったの。すごく、気持ちが広いというか、そういうことはなかったですよ。[8]

しかし、一方で、以下のような証言もある。

私は日本時代に日本の学校に通って、終戦の時に三年生でした。戦後は朝鮮学校に三、四年通ってからロシアの学校に行きました。日本の時代もソ連の時代も差別とかそういうことは、なかったです。自分もそういうところには注意していました。苛められたとかそういうことはなかったです。[9]

私は七歳で尋常小学校の一年生になりました。戦争が始まってからは、国民学校になりましたが、そのころは尋常高等小学校とかと言ったんですよ。「皇国臣民の誓い」とか、いろいろやらされましたよ。日本時代には、差別がないわけではなかったですよ。「チョーセンジン、チョーセンジン、アオナッパ」とかね。そんなことは言われてました。でもそれは、子どものわんぱく時代でしたからね。日本人として教育を受けていましたから。当時は軍事教練をさせられて、頬を殴られたりしましたよ。（中略）ソ連時代には、朝鮮に対する差別はたくさんありました。次第にそれはなくなっていったんですけどね。私の一番上の兄の妻が日本人なものですから、一九五七年に永住帰国したんですよ。今も東京におりますけどね。兄はもう亡くなりましたが、兄嫁はまだ生きています。日本の東京の葛飾というところです。妻が日本人であるがゆえに、日本に帰国した朝鮮人はたくさんいました。[10]

証言からわかるのは、ソ連のサハリン占領時とその後の統治においては、朝鮮人は差別を意識しなかったか、差別があったとしてもそれがしだいになくなっていった、ということである。これに対し、アメリカが朝鮮に対して行った反共政策や人種差別は南北の朝鮮の人々にとっては屈辱的なものであり、アメリカ占領下の戦後日本においても朝鮮人に対する態度は同様であった。

北朝鮮地域では一九四六年二月にソ連が支援する金日成の北朝鮮臨時人民委員会が発足した。一九四六年三月には米ソ共同委員会が統一的臨時政府の樹立を目指して対話を進めるが、北と南に分極した政権の樹立へと展開していく。北では、親日的な大地主や中小地主などが「民主改革」によって土地を追われ、大量の「越南者」を出した。その数は約八〇万人ともいわれる。[11] その多くが徹底した反共主義者となった。そうした反共産主義者たちの「西北青年会」と呼ばれる右翼集団が済州島へと流れ込む。

そして「四・三事件」が起こるのである。事件の概略は以下のようなものである。

アメリカは朝鮮半島における国連監視下の選挙による新国家樹立を望んだが、ソ連によって拒否され、南のみの単独選挙を行うこととした。この一方的決定に対して、南朝鮮労働党済州島党が一九四八年四月三日、武装蜂起した。これが「四・三事件」の中心的な事柄であるが、事件の発端となった、南北統一国家樹立のデモを行っていた島民六人が警官によって殺害された一九四七年三月一日の「三・一事件」から、四月三日以後も行われた、米軍や増派された警察、西北青年会（右翼テロ集団)などによる島民への徹底的な武力弾圧(非道な拷問や虐殺、強姦等)の全てが「四・三事件」と総称されている。

韓国において「四・三事件」について語ることは長い間タブーであった。「四・三事件」は共産主義者の暴動、「アカ(パルゲンイ)」の武装事件と見なされ、犠牲者の遺族が家族の死を思って泣くことさえも憚《はばか》られていたのである。

韓国では一九九〇年代後半の民主化を経て、一九九八年に「済州島四・三事件」を考える会が発足し、二〇〇〇年一月一二日、「済州四・三事件真相糾明及び犠牲者名誉回復に関する特別法」が制定された。この政令によって済州島に設置された「済州四・三事件実務委員会」の調査では、軍・警察・西北青年会による殺戮の犠牲となった村は全島で八四カ所とされる。[12]

虐殺は、知識層や法曹・教育・言論界などの有力者のほかに官公吏に対しても行われた。文京珠『済州島四・三事件――「島のくに」の死と再生の物語』によると、一九四八年一一月一日には、「済州島赤化陰謀事件」が起こった。八五人の警察官が検挙され、二〇～三三人は裁判に処されることなく、即刻処分され、遺体は済州沖に流されたという。

二〇〇三年一〇月、盧武鉉政権下で国家として韓国政府は四・三事件の犠牲者に謝罪をし、慰霊の場を設立した。以後、例年、四月三日には済州島「済州四・三平和公園」において慰霊祭が行われている。

ところで、「四・三事件」下の済州島で起こった事件では、処刑・虐殺された遺体は海に捨てられることが多かった。たとえば、一九四八年一一月五日には旧日本資産の管理を行う新韓公社職員三〇人余が「左翼フラクション」として処刑され、済州沖に流されるという事件があった。[13]「水葬」と呼ばれる遺体の海への投棄は、「虐殺の痕跡を消すために行われたというが、とりわけ朝鮮戦争勃発後にしばしば用いられることになる虐殺の手法であった」[14]という。

その「水葬」による多くの遺体が日本の対馬へ漂着したとされる。その漂流遺体と見なされる遺骨は現在、長崎県対馬市厳原《いづはら》の太平寺において供養され保管されている。開基六九〇年という太平寺

写真21　長崎県対馬市厳原太平寺

写真22　太平寺漂流者慰霊碑

四七代住職の宮川長巳氏が済州島からの漂着遺体の遺骨と思われるものを発見した経緯は以下のとおりである。

一〇年以上前、檀家さんたちの仏壇の後ろに板があって、その一枚が崩れて剥がれてしまったので、その中を見ると、木箱に入った大量の遺骨があったんです。五〇～六〇はあったと思います。木箱を包んでいた布も黄ばんでいたというより、茶色になっていましたよ。

それを妻と二人で一輪車に乗せて墓地に運び、供養してから埋葬しました。それが、韓国からの漂流遺体なのかどうかはわかりませんが、現在も年に一、二度そういう漂流遺体はありま す。仮の納骨堂に納めましたが、いっぱいになったので、漂流遺体は別途、寺の墓地の上の方に埋葬しています。

（宮川長巳氏証言、二〇一六年五月二六日）

宮川住職によると、二〇〇六年前後に発見された大量の身元不明の遺骨は、先代の住職以前からあったと考えられるが、その存在は知らされずにきたという。宮川住職は、韓国からの漂流遺体であるかどうかは不明としながらも、現在、太平寺の墓地に「平成五年八月吉日四七代宮川長巳建立」の「漂流者之霊位」と記された慰霊碑が建てられている。

この事実に対して、韓国からも調査団が度々訪れ、遺骨返還の申し入れが太平寺にあったという。宮川住職は、遺骨返還のためのさまざまな準備を行っていたが、返還する直前に韓国の調査団とは実は営利目的の業者であったことが判明して結局遺骨返還を拒否したという。多くの漂流遺体の遺骨は現在も長崎県対馬市厳原の太平寺に埋葬されている。

註

1……文京洙『済州島四・三事件——「島のくに」の死と再生の物語』平凡社、二〇〇八年、五八頁

2……ブルース・カミングス著、鄭敬謨・林哲・加地永都子訳『朝鮮戦争の起源——一九四五年—一九四七年　解放と南北分断体制の出現』明石書店、二〇一二年

3……『労働者新聞』一九四五年九月二二日、カミングス前掲書、四一二頁

4……カミングス前掲書、四一三頁

5……G-2"Weekly Reports,"no.41,June16-23,1946;and no.53,September8-15,1946 カミングス前掲書、四一四頁

6……"HUSAFIK"Manuscript in the Office of Military History,Washington,D.C. (Soel and Tokyo,1947,1948) vol.2,pt.1,ch.4,pp.25-29 "XXIV Corps Journal,"March 9,1946 entry;in XXIV Corp Historical File.

7……オルムステッドは、一九四六年前期、半年間北緯三八度線沿いに駐留していた。カミングス前掲書、四一四～四一五頁

8……石純姫『北海道における朝鮮人の移住——アイヌ民族とつながりにおける重層的アイデンティティー』二〇一二～二〇一五年度科学研究費助成研究成果報告書、二〇一六年、二四〇頁

9……同前、二四二～二四三頁

10……同前、二四四頁

11……文前掲書、六一頁注（国防部戦史編纂委員会編『韓国戦争史』第一巻より）

12……文前掲書、一三四頁

13……文前掲書、一三六頁

14……文前掲書、一三六頁

第八章

帝国主義の残滓

——忘却の力学

北米、中南米における先住民とアフリカ奴隷のつながりについて

北海道における先住民アイヌと、植民地の強制的労務動員により連行された朝鮮人の繋がりと同様に、北米・中南米の歴史においても、植民地労働者と先住民が協力関係にあったり、文化の混合や血縁関係となることがあったことが明らかになってきている。そうした事実は、アメリカにおいても長く隠されてきたことであった。アフリカから連行された奴隷たちを匿ったのはアメリカインディアンであった。奴隷たちの自由への最初の道は、アメリカインディアンの村に逃げたことによってもたらされた。その村は、奴隷の男女が定住化していた先住民に受け入れられ、親交をもつことを可能にした「タートル・アイランド」である。

ウィリアム・ローレン・カッツ『Black Indians』(二〇一一年)では、アメリカに渡った初期のヨーロッパ人による容赦ない残虐行為に対して、インディアンと黒人奴隷が、相互に助け合い、匿い合いながら文化的にも人種的にも共存した足跡をたどっている。血縁的にも文化的にも、アフリカ奴隷とアメリカインディアンの深い繋がりが現在に至るまでアメリカにはあるのである。

以下は、カッツのウェブサイトで公開されている内容などを要約したものである。カッツは次の

ように述べる。

この歴史は極めて重要である。なぜならば、この四世紀の間、アフリカ系アメリカ人とネイティブアメリカンたちは、共にヨーロッパの征服や奴隷制と戦い、そして、今もなお、アメリカの教育や言説において繰り返される表象に対して戦っているのである。(中略)私たちの国の歴史は、ジョージ・ワシントンやトーマス・ジェファーソン、アンドリュウ・ジャクソンなどの自由と戦った英雄たちの神話の積み重ねによって語られている。そして、私はこれらの英雄が、アフリカ人や先住民の居住地を奴隷化し、戦争に巻き込んだことを証明する。そして、その所有地から逃れてきた人々の報告を同時に証明するのである。(中略)アフリカ人の案内者や植民地時代の通訳者等は、現地の人々と接触したことに価値を持つようになり、一六八〇年に終結をみた数年におよぶスペインの支配に反感を抱いたことで知られるプエブロは、アフリカ人とインディアンの同盟について調査をした。

また、一七三八年にブラック・インディアンのコミュニティはフロリダでイギリスの侵入に対抗して自由を守るために戦ったフランシスコ・メネンデについても紹介する。ロードアイランドやコネチカット、ロングアイランドやニュージャージーなど、プケ、ワンパンゴ、モンタック他、多くの部族が棲む東部海岸やその他の多くの地域で部族の複雑に絡んだ歴史を紹介している。[1]

一七六三年には、イギリスがフロリダに対して抗議をし、スペインはブラックインディアンの家族をキューバへと送り、自由の身としたことをカッツは述べている。[2]現在、このルーツを持つ人々の末裔が、キューバの東海岸の都市サンティアゴ・デ・クーバ付近にいると言われるが、すでにブラック・インディアンとしてのアイデンティティーはほとんど意識されていないという。[3]

このように、アメリカの植民地時代のごく初期における先住民支配と奴隷制の歴史は、この本のサブタイトルにもあるように、アメリカにおいてもそれは「隠された遺産」なのである。

また、アフリカ系アメリカ人に関するサイト"EBONY Life"では、先住民とアフリカ奴隷の最初の接触の記録から複雑な協力関係に至る事情を簡潔にまとめている。

最も早い時期のアフリカ人とネイティブアメリカンの接触の記録が見られるのは一五〇二年であり、最初のアフリカ奴隷がヒスパニョラ島に連行されたが、ある者はそこから脱出し、サントドミゴへと渡った。これらのブラックインディアンは三つの集団から統合されたものである。最初のブラックネイティブアメリカンはこのような集団の中から生まれた。

解放を優先した黒人と先住民の間の関係は、しばしば、困難を伴った。いくつかの先住民の部族はアメリカ政府の側に付き、奴隷制のプランテーションを所有していた。先住民が所有していた奴隷と奴隷にされたアフリカ人たちは、しばしば、ヨーロッパ人が経営していたプランテーションに存在していた奴隷とは違っていた。これが、なお、黒人と先住民の関係を複雑にしている。

ハーバード大学の歴史学者ヘンリー・ルイス・ゲイト・ジュニアは、二〇〇九年に「アメリカの全ての黒人のわずか五パーセントが少なくとも一二・五パーセントのネイティブアメリカンの祖先を持っており、同様に、少なくとも一方の曾祖父母がいる」と述べた。

フロリダのセミノールネイティブは脱出してきたアフリカ人と共にコミュニティを作り、ブラックセミノールが形成されていった過程において創造的な活動をしている。数百人のアフリカンがセミノールと共に旅をした。それは、ネイティブアメリカンの居住地に強制的移住をさせられた時である。そのうちの数人はフロリダにとどまっている。

一八三五年の統計によると、一〇パーセントのチェロキーの人々はアフリカ人と混血である。南北戦争の前には、チェロキー族の中で居住していたアフリカ人は奴隷化されていたり、自由であったりしたが、市民権はなかった。一八六六年、チェロキー族はアメリカ政府とアフリカの遺産としてこれらの人々の市民権を全面的に認めさせる交渉を成立させた。[4]

以上のように、複数の先住民がそれぞれ異なる背景を持ちながら、アフリカ黒人との繋がりを持ち、それを創造的で多様な関係性へと発展させ、市民権を得るところにまで到達させた。先住民の交渉力は、異なる文化や人種の接触が豊かさを生みだす可能性について示唆するものである。

また、「ガリフナ」とよばれる中南米における先住民とアフリカ奴隷の混血の人々が存在する。独立行政法人国際協力機構のホームページによると、「ガリフナ人は、一六三五年アフリカから奴隷船で連れられてきた人々が難破船から逃亡し、東カリブの島々に定住化していたアラワク族と混血して生まれた。当時、この地域はイギリスとフランスの領有権争いの渦中にあり、一七九七年、五〇八〇人のガリフナは英国軍により固有の地を追われ、カリブ海を漂流し、たどり着いたのがホンジュラスのロアタン島だった。そこから中米のカリブ海沿岸を北上し、ベリーズに上陸したのが一八〇二年一一月一九日であった」[5]と説明されている。

一方、ユネスコでは、このガリフナについて、次のように述べる。

一七九七年にセント・ビンセント島を余儀なく逃亡したガリフナの人々は、中央アメリカの大西洋海岸沿いに離散して定住化した。ガリフナの人々はカリブの先住民族とアフリカからの奴隷とされて連行された人々との混血で、現在ではホンジュラス、グアテマラ、ベリーズにコミュニティーを築いているといわれる。[6]

ユネスコの記述は、奴隷としてセント・ビンセント島に連行された人々がすでに「ガリフナ」として存在していたことを示すものであり、なぜ「余儀なく逃亡した」のかについての記述はない。いずれにしろ、アフリカ奴隷と中南米先住民との繋がりも、北アメリカと同様に混血と定住化の歴史を示すものである。

さらに、「遺伝学的に見たガリフナの起源は、平均的に、七六パーセントがサブサハラアフリカ系、二〇パーセントがアラワク族又は小アンティル諸島先住民系、四パーセントがヨーロッパ人系である」[7]という研究結果が出ている。

現在、遺伝子生物学のＤＮＡ鑑定により、自分のルーツをほぼ完璧に遡ることができる。鑑定を受けた多くの人々が、自分のなかにさまざまな人種・民族の血が混じっていることを知り、人種的偏見が無意味であることを納得するという。レイシズムを克服するひとつの方法は、自分のなかの多様なルーツを知ることかもしれない。均質で単一な文化を持つと一般的に信じられている日本においても、民族的・人種的多様性および重層性は否定できないものである。

註

1……William Loren Katz, Black Indians—The official Web site for William Loren Katz　http://willamlkatz.com/
2……William Loren Katz, Black Indians,p118
3……二〇一六年八月調査中
4……EBONY Life　http://www.ebony.com/life/5-things-to-know-about- blacks-and-native-americans-119#axzz3jrvrBIZY
5……「独立行政法人国際協力機構　世界ホットアングル中南米地域」http://www2.jica.go.jp/hotangle/america/belize/001053.html
6……「ユネスコ　人類の口承及び無形遺産の傑作宣言」http://www.accu.or.jp/masterpiece/masterpiece.php?id=1&lg=jp
7……Crawford, M.H. 1997 Biocultural adaptation to disease in the Caribbean: Case study of a migrant population. *Journal of Caribbean Studies : Health and Disease in the Caribbean.* 121: 141-155.

結び

東アジアにおける人の移動と交流は、古代から近世・近代を通じて文化や血統の混淆と多様化を生み出していた。近代期の大日本帝国では、植民地の包含と領土拡大のなかで、民族の多様性や血統の混合の歴史も体制側の言説として強調されてもいた。しかし、大日本帝国の崩壊と共に、血統や文化の混合や交流の記憶は一掃された。

北海道において、朝鮮人の移住と定住化の過程でアイヌ民族と深い繋がりがあったという調査を約一〇年間にわたり続けてきた。それは、過酷な労働現場から脱出する朝鮮人をアイヌ民族が支援し、血縁を結ぶなどして定住化につながる関係性の歴史である。また、その繋がりは、アイヌ文化を伝承する朝鮮の人々をも生み出した。そうした関係性は世界史的な視野からみても、北・中南米の先住民とアフリカ奴隷の繋がりなどの例もあり、植民地支配と帝国主義がもたらす普遍的な構図と言える。その関係性は多様であり重層的である。決して単純ではない。また美談としてのみ語られるものでもないだろう。しかし、抑圧と排除という過酷な状況の中で、二つのマイノリティが人種・民族の違いを問わずに共に生きることを選んだ。

グローバル化が進行する現在、世界的な規模で経済の絶望的格差が臨界点にまで達している。絶対的「他者」を生み出す紛争が常に作り出され、「他者」を攻撃することで人々はバランスを保っているように見える。その結果、故郷から引き剥がされ、移動を繰り返す人々が再生産されている。

戦時下の日本において、朝鮮人の強制的労務動員が行われていたことは多くの資料が証明している。そして、その過酷な労働現場からの朝鮮人の脱出を助けたアイヌの人々がいる。そうした行為は現在からすれば、ヒューマニズムや美談として語られるべきことのように思える。しかし、当時、そのような行為がどれほど危険を伴うものだったのかについて考えなければならない。なぜ、アイヌの人々はそのような行為を行うことができたのだろうか。

帝国主義における植民地支配は、植民地とされた地域から労働力を暴力的に搾取する。システム化されたそうした暴力が宗主国の国民にとっては日常となると同時に、国民は無意識のうちに植民地支配者としての意識・思想を形成していく。その結果、圧倒的な暴力のシステムを肯定し、それを否定することは「悪」であり「犯罪」だと思うようになる。

権力が決定した大きな暴力の枠組みから末端の直接的な暴力に至るまで、体制のシステムはゆるぎなく、それに抵抗する、あるいは疑義をとなえることは一般には極めて困難であり勇気を伴うことである。権力の決定事項を粛々と行う官僚的思考と行動によって、第二次世界大戦中のドイツでは最悪の虐殺が行われた。そうした暴力的支配の意識・思想に慣らされてしまった官僚的思考と行動のことをハンナ・アーレントは『イェルサレムのアイヒマン』や『全体主義の起源』などにおいて「悪の凡庸さ」と言った。[1]

そのような思考停止状態の対極にあるのが、アイヌの人々の行為と言えるのではないだろうか。逃げ出した朝鮮人労務者は厳しく罰せられ、死に至る暴行も少なくなかった。その脱出者を匿い、血縁関係を結び、定住化させるまでの行為は、まさに命掛けのものだと言える。
「ホロコースト」の知られざる歴史の側面を明らかにしたティモシー・スナイダーの『ブラックアース』では、ユダヤ人を匿い、逃亡に協力したさまざまな人についての分析を行っている。抵抗運動に参加した者や、反ユダヤ主義者の右翼、日本外務省の杉原千畝までも含めた「グレイな救済者」、ポーランドやソヴィエト等の「天と地のパルチザン」、そして名もなき無数の「正義の少数者」たち。[2]それがユダヤ人を救済した複雑で多様な人々の姿である。スナイダーによれば、「正義の少数者」は、ユダヤ人救済について語らず、口を開いたときも、「救助者にはある種特別な謙虚さ、動機については今にも口を噤《つぐ》んでしまおうとする気後れが、傾向として間違いなく存在」した。それは「性差、階級、言語、民族、世代を超えて一貫している『善の凡庸さ《バナリティ》』である」としている。[3]
強制的な労務動員の現場から脱出してきた朝鮮人たちを匿い、その逃亡に協力したアイヌの人々は、このユダヤ人たちを救済した名もなき「正義の少数者」の姿と重なる。朝鮮人を救助したアイヌの人々は、戦後、誰もが同様のことをしていると思っていたが、そのようなことをしていたのは自分たちだけだと知り、それ以後、口を閉ざすようになったという。朝鮮人を救けたアイヌの当事者たちは、戦後もその事実を黙して語らずにいた。それを語り始めたのは、筆者が聞き取りを行うようになった二〇〇五年以降のことである。すでに他界している親の行為を語るのである。
北海道における先住民アイヌと植民地被支配者である朝鮮人の繋がりは、従来のアイヌ像を覆すものであると同時に、「抵抗」と「協力」の狭間で生まれた人間としての「正義の行為」ないし奇跡的な「希望の行為」として長く記録・記憶されるべきものであろう。

二〇一六年六月、「ヘイトスピーチ対策法」が施行された。しかしそれ以降も排外的なヘイトスピーチは日常的に行われている。とりわけ、ネットや漫画を通じたレイシズムを煽動する言論・行動は続いている。また、日本は単一民族国家と言い続けてきた日本政府は、アイヌが先住民であることは認めたものの、表立って被差別部落問題、在日コリアン問題、アイヌ民族問題は取り上げようとはせず、マイノリティの人権や社会参加の機会などを保障する制度と社会的意識は、現在においても充分とは言えない状況である。日本人としての誇りを育成するという私立学校では、在日外国人に対する極めて差別的な言動が、教育という名のもとに行われており、日本人の排外主義的意識は、近年、さらに増幅され、世代を超えて継承され続けているように見える。

数年前から在日朝鮮人だけではなく、アイヌがその標的になったことは、記憶に新しい。札幌市議会議員の「アイヌなどいない」というツイッターでの発言をめぐり、多くの論争が展開された。[4]

現在においても、まさにアイヌであることによって、就職や結婚で差別されている事実があること、日々、精神的抑圧を受け続けている存在であることは、明確に記されなければならない。そして、アイヌと朝鮮双方のルーツを持つ人々が抱える重層的な抑圧については、さらに慎重な記録と表象が必要であると考える。朝鮮人やアイヌ民族であることを誇りとし、文化の継承に多くの意義を見出し活躍する人々がいる一方で、いまだに自分の子どもにも朝鮮のルーツを明かせないアイヌの人々が存在する。そのような複雑で重層的な抑圧のなかでの葛藤が続いていることも、また事実なのである。

表層的には、均質で単一な文化・社会を形成していると思われる日本にも、少なくない外国人や異なる文化を持つ人々が共存している。従来のマイノリティ研究においても、被差別部落民やアイヌ民族、在日コリアンなどのマイノリティは、それぞれが独立したマイノリティとして捉えられ、個別の存在として理解されている。

しかし、北海道における朝鮮人とアイヌ民族の繋がりは、前近代期から現在に至るまで、非常に複雑で重層的な関係性を持つものとして捉えることが必要である。そうした視点を持たなければ「純粋なマイノリティ」という虚像のなかで、重層的なアイデンティティを持つ人々に対する新たな差別と排除を再生産させることに繋がるからである。

このように重層的なマイノリティの形成過程を明らかにすることは、近代におけるアイヌ史の見直しとともに、在日コリアンの形成過程においても、新たな視点を提示するものと考える。そしてそれは、日本社会・日本文化の多様性という視野からも、新たな展開をもたらすものと考える。

グローバル化が進行した一九九〇年代から研究者の間においても、「支配」と「被支配」という二項対立の構図は陳腐なものとし、グレーゾーン領域をクローズアップすることによって、相対的に対立構造を無化させていく傾向が出てきた。そのような相対化が極右的な排外主義と歴史の歪曲を加速させた。世界がひとつになる、というイメージは、美しい理想として語られてきた。しかし、実際のグローバリズムは、理念なき資本の暴走と、排外主義が跋扈《ばっこ》する多極化した世界だった。日本においては、戦後七〇年を経て、アメリカとの従属関係は緊密度を増す一方、アジアにおける戦争と植民地支配の記憶は、反省に基づくものではなくなり、戦前に回帰するような歴史の解釈が行われ、排外的な差別主義を増長している。

二〇一七年現在、錯綜するグローバリズムの中で、人々は分断され、紛争が作り出されているが、故郷から引き剥がされ、移動を繰り返す人々との連帯と協力が、資本や軍事力の暴力が鬩《せめ》ぎ合う世界とは異なる、多様で豊かさをもたらす世界を再構築する可能性となりえるのではないだろうか。

註

1……アーレント・ハンナ著、大久保和郎訳『イエルサレムのアイヒマン――悪の陳腐さについての報告』みすず書房、一九六九年。アーレント・ハンナ著、大久保和郎訳『全体主義の起源I――反ユダヤ主義』みすず書房、一九七二年、アーレント・ハンナ著、大久保和郎・大島かおり共訳『全体主義の起源II――帝国主義』みすず書房、一九七二年、アーレント・ハンナ著、大久保和郎・大島かおり共訳『全体主義の起源III――全体主義』みすず書房、一九七二年

2……ティモシー・スナイダー著、池田年穂訳『ブラックアース』下、慶応義塾大学出版会、二〇一六年、六三～一六三頁

3……同前、一五八頁

4……岡和田晃、マーク・ウィンチェスター編『アイヌ民族否定論に抗する』河出書房新社、二〇一五年

聞き取り資料

山道きし子
（やまみち・きしこ）

◉一九三五年、北海道平取町長知内生まれ
◉二〇一六年六月一九日、二風谷にて聞き取り

朝鮮の人がたが来るんだわ。三、四人で。お腹空いたって。それでうちの母がね、人がいいものだから、言葉はわからないんだけど、家には入れないけど、ご飯でも何でも食べられるものはあげるんだわ。そうしたら、喜んでね。それはよーく覚えてる。一〇歳か一一歳のときくらいだね。

夕方になったら、豚預かってたから豚の青草を取りに、川原に行くんだよね。そしたら道路を五、六人で歩いて来てた。幌毛志《ほろけし》から歩いて来てた。逃げてきたんじゃなくて、昼間働いてて、仕事が終わったら夕方くらいに来るんじゃないのかね。そのときは米ばっかりなんて食べられないから、何でもいいから食べれるものをやってた。

そして、逃げてつかまったら、生きたまま埋められるんだってね、その仕事してるところに。そうやって聞いたよ。線路作ってたでしょ。そこに埋められるんだって。生きたまま。そうやって日本人も人使って酷いことしたんだね。子どもながら聞いて覚えてるよ。

幌毛志にはでっかな飯場があったんだわ。今行けば、わしはわかるけど、国道のふちだ。後から来た義理の親、父親は朝鮮だった。父親は早く死んで母親が再婚した人が朝鮮の人だった。金原って言ってたけど、本当の名前は知らない。金原エイコンって言ってたんだわ。したけど、違うね。忘れたわ。わしが一四も一五になってから母親が再婚したんだ。

金原は二風谷でアイヌの人と一緒になってたらしい。子どもも二人いた。飴を売りに歩いてた。したら、母親も一緒になって飴作りさ。飴作るのには、でんぷんさ。それから、もやし。でんぷんを買ってきて、でっかな鍋でまぜて煮る。ざるかなんかで漉して煮詰めるんだよね。そして飴が出来るの。その飴をわしは全部売りに歩いた。

そして、それを長年やってて、それから雑品屋を始めた。免許取って車買って、そうやってやってた。そして振内《ふれない》で家を建てた。家の母は豚を飼ってたものだから、それを始末して一二月に振内に来て、母親は脳溢血で一気に行っちゃったの。五八歳で。三月に死んでしまった。新しい家に三カ月くらいしか住まなかった。

金原はひとりでいて、振内でも雑品屋をやっていて、今度は内地から働きにきていた若い女と世話されて再婚して、七〇なんぼで亡くなった。平成七年(一九九五年)に亡くなった。青森からきた女で、その人も何年かしたら死んだわ。子どもは出来なかった。

母親はアイヌとシャモの混ざりで、父親はアイヌ。父は三六だかで死んでいるから。農家なのに身体弱くて、振内の病院まで歩いて行くんだよね。ひとりで馬飼って農家してやってたもんだから。長知内《おさちない》はアイヌが多かった。朝鮮人はあまりいなかった。金原と、市川と荒川と金田って人ともうひとり、四人か五人か、内地からグループで来たんじゃない。あちこちから、みんな若かったから。金原だけが転々と結婚して。みんな平取町でね。

家の母親は五八で死んだときに、金原は四〇かな。一八くらい母親が上だった。母親は金原が二人めだから。だからやっぱりよその人に言ったと。きし子の親がいちばんよかったと。金残すことを。年が上だから。母親はハルヨといった。最初の結婚は一八で、金原と再婚したのは、四三くらいだった。金原は二五で。

朝鮮人がアイヌと一緒になると、朝鮮がどうのこうのって、差別されるの。やっぱりうちの母も言われてたみたい。それはアイヌの人から言われた。朝鮮と一緒になってどうのこうのって。でも、金を残したから、金を借りに来る人もいるんだわ。したから、最初は悪く言ってたけど、長年つきあうといい人だってわかってくるし、お金も持っていれば貸してくれるし。なんせ、金を残すためには動く人だったから。

金田さんとは一緒に歩いたことも映画を見たこともない。ただ、来るんだけど、自分が出れないっしょ。振内でもご飯炊きしてたから、来てくれるんだけど、自分が出れない。そしてそのうちに春になると農家に行くと、三人くらいで会いに来たんだわ。それっきり会ってない。きれいな人だった。金田さんは、やっぱりやさしい言葉かけてくれて。あの人たち三、四人、親の家に泊まってたりしたものだから。やさしい人だった。

金本さんていう人もいたけどね。長知内でアイヌのおばさんと。その金本さんていう人がね、私たちがオホコツナイにいたとき、空き家があったの。そこへ来たんだわ。そうしてるうちにそのおばさんが子どもを連れて訪ねてきて。訪ねてきてっていうより会いに来て、そのうち長知内に住むようになったの。二人か三人連れてきたの。そして子どもが二、三人できたよ。その金本さんのおばさんと。だけど、そのうちに向こうさ戻って。穂別のほうに戻った。

わしは長知内で二、三年いてから、ここに来たの。

わしら、そうして子どもの頃、幌毛志から来るっしょ。言葉がわからないから。向こうの言葉でしゃべっているから。母は何かを食べさせてやりたい。なんでもいいから食べられるもの、やってた。高台さ、上がってくるんだもの。家の母は子どもいるから働かなかったら家の中で座ってるような親じゃなかったから、まず、見えたら、ものをやってた。言葉がわかんないから。会話が出来ないから。腹が減ってるのは分かるんでしょ。

金原は一回、朝鮮に帰って行って来てるよ。母死んでから、向こうから弟連れてきたんだって。それで一緒になったその女をパチンコ屋に連れていくんだと。したら、向こうからきた弟はパチンコも何もわからないから、焼酎くれっていうんだって。しばらく里帰りみたいにして行ってきたって。姉も来たって。そして向こうから朝鮮人参だとか持ってきたりしてたわ。

石井ポンペ

（いしい・ぽんぺ）

◉原住・アイヌ民族の権利を取り戻すウコ・チャランケの会代表
◉一九四五年、北海道穂別イナエップ生まれ
◉二〇一二年九月一〇日、札幌にて聞き取り

私の故郷は穂別《ほべつ》というところで、樺太からの引き上げのアイヌの人がいた。名寄《なよろ》に一旦寄って、それから穂別の私のコタンに来たおばあちゃんやその家族もいた。また強制連行されてきた朝鮮の人

たちも割合多かった。私の叔母と結婚したのも、強制連行で連れられてきた人。私の姉と結婚したのも、そういう人で、義兄だった韓という人と結婚した。その人は夕張炭鉱で兄弟二人で、義兄は兄貴で弟の方は亡くなったみたい。で、子ども二人を残したみたい。その弟の子ども二人を連れて私の姉と結婚したの。住んでいたところは静内だった。

叔母と結婚していた林という人も朝鮮人で、その人の紹介でうちの姉も結婚した。またうちの叔父さんの奥さんも朝鮮人なのね。割合、アイヌの人と朝鮮の人の結婚は多いのね。うちの身内では、その三人が朝鮮人だけど、朝鮮であることを名乗ると、学校でも社会でも苛めにあって、アイヌや朝鮮はいつでも苛めにあっていたからね。それであまり自分たちの子どもに対しては、朝鮮だとかアイヌだとかということはあまり教えないようにしていたの。

でも、うちの姉の子どもたちは、義兄の子どもたちは札幌の朝鮮学校に入った。当時は月寒《つきさむ》にあったのね。今は福住《ふくずみ》のほうに移ったけれど。そこに子どもたちは三人入った。それで私はよくその学校の運動会に行ったり、子どもたちがお金がないといったら、お金を持って行ったりね、そうやってそこの学校を卒業して、今は一般の社会で働いて、ほとんど東京とかそういう方面に仕事に行って世帯を持ったりしてるしね。

小学校はルペシペ小学校。中学校は穂別中学。中学に入ると苛めがあった。今は苛めがあると自殺とかするでしょ。ここに問題がある。なぜ、私は学校に行かなかったか。中学にいくと、みんな日本人の子どもたちで、三池炭鉱とか本州から来る炭鉱の子どもが多いのね。当時は穂別にも炭鉱があったの。だからみんなそういうところからくる子どもは日本人。私にしてみれば変な顔ばっかり。俺らと意見が合わない。俺たちをくさいとか。くさいの当たり前だよ。朝、キトピロというね、日本人はアイヌネギっていうキムチみたいなもんだよ。そういうもの食ってトウキビ食ってかぼちゃ食って学校に来るんだから、くさいの当たり前だ。だからくさいだとか、犬くさいだとか、アイヌくさいだとか、そうやって苛められた。それが昭和三二〜三三年だよ。

私は学校に行くふりをしてかばんを持って家を出て、一日どこにいるかというと川とか沼。川で魚をつるとか、沼で沼貝を採るとか、山で山のものを採取するだとか。学校行ったふりして時間どおり帰るんだけど、親もちゃんと知っている。親はなにも学校に行かないなら行かなくてもいいという感じでね。親と一緒に山や川や沼に行って、山の木の見方とか、川との付き合い方とか沼との付き合い方とか、そういう自然とのつながりについて学んだ。学校では絶対に教えてもらえないことは親から学んだ。だから今でも四季のなかでどういうものが、どういうことになっているかがちゃんと頭に入っているから心配ない。そういう学校では教えられない自然の学びは親から教えてもらった。

アイヌ語は話したけれど、札幌に来ると、全体のアイヌが集まっていると、「そんなことはない」とか「そういうのは嘘だ」とかとなる。私たちの穂別では子どもの揺りかごのことを「ホチッポ」というの。ところが、浦河の方では「シンタ」といって、全然違うの。そうすると、そんなアイヌはないとか言われたりする。そのうちにアイヌ語の辞書を作るというので、アイヌ語が統一されちゃった。日本の全国では中央の標準語でたとえば東京のＮＨＫの言葉で統一されているかもしれないけど、東北弁、九州弁、沖縄の言葉があるとなっているのに、なぜアイヌの言葉だけが統一されなければならないのか。アイヌ語もメナシ・クナシリと東・西のアイヌは言葉がみんな違うんだけど、統一しちゃうからダメなんだよ。コタンコタンの言葉があっていいと思うんだけど。それで私は、そのアイヌ語教室で学ばないと言った。自分のコタンの言葉の方が大事だと思うから。そこには参加しなくなったの。

私も教育を受けていなかったし、嫁もそういうことで学校に行けなかったし、子どもたちにもちゃんとした教育を受けさせられなかった。でも、子どもたちが学校に行って、参観日に行くと、みんな「あれはアイヌだ」と言われる。小学校の時からそういうふうにされてしまう。昔の苛めはそれだけだったけど、今の苛めは自殺問題にまでなってしまう。家の子たちは、そんなこと言われたって、事実アイヌだから、アイヌが何悪いことしたのかって、そのことは子どもたちに言ったからね。

朝鮮差別もあって、子どものとき、家の親戚の朝鮮の子どもたちと私は必ず苛められた。「チョーセン、チョーセンってバカにするな。チョーセンが何悪いことした」って。朝鮮とアイヌ差別は一番多いですよ。だから、強くなればいいけど。

本州行って解放同盟の人とつきあえば、みんな部落の人たちはやくざより強いんだと。そういわれるけど、本当はそうではないわけね。今の橋下市長になって、職員は刺青は全部禁止しているわけでしょ。それもまた差別の問題になってくるし。そういうことが北海道では平然とあったんですよ。だから安心して明治の時に日本人になれと言われたけれど、安心して教育を受けることが出来なかった。

日本人だと思ったことは一度もない。なぜ、日本人の名前を書かなければならないのか。私はポンペならポンペでいいのに。外国に行くようになってわかったのは、パスポートに生年月日を「昭和」で書いていたら、タイの空港から三時間出られないの。日本の通訳が来て間違っているのはここですよ、と。あなた昭和二〇年と書いてあるけど、私たちの国は西暦なんですと。タイのチェンマイまで一人で行って、初めてそれで分かった。「昭和」って使っているのは日本だけなんだ。天皇陛下が悪いんだって。「昭和」って使ってるってこと自体が間違っていると思った。

姉の子どもで朝鮮学校に通ったのは三人だったけど、一人は長野県で働いてる。みんなちゃんとしっかり仕事をもってやっている。姉との間に生まれた子どもは一二人いる。だから弟の子ども二人を合わせて一四人。だから子ども手当なんか、それだけで食べていけたんだから。

でも、義兄は駆け引きがうまくなかった。麻雀やって負けてばかりいた。当時、「帰還」ってあったでしょ。静内前からも、たくさん北朝鮮に帰っていった。昭和三七年(一九六二年)ごろね。そのときは、まだ義兄と山子をやっていたから。一度帰るってなったの。でも私は反対した。向こうへ行ったら、おそらくもう二度と帰ってこれないよと。そうしたら、東京の赤坂にも同胞たちがいるから。義兄は山子で儲けて土地も買って家も建てたけど、麻雀で一晩で負けたので、静内の土地を少しでも売って、トラック一台買った。家の上の姉も反対して、俺もだめだと。向こうへ行ったら誰も見てくれないと言った。

で、出発したんだけど、今度は上の姉の反対で、姉も一緒に乗って、トラックの後ろ、子どもたち数人と乗って、行ったところが福島。福島にもそういうアボジ（知り合いの意味）たちが居て、仕事を先導してくれて。長万部《おしゃまんべ》にホルモンやってたアボジがいてそういう同胞たちの導きで福島に行ったの。福島でまた儲かったの。青函《ママ》トンネルの雑品集めとか、ホルモンをやって一旗上げた。そして義兄は自分の国に行ってくるといって行けるほど稼げたの。韓国の馬山に行った。

福島での義兄と姉のホルモン屋は繁盛してた。福島の新幹線駅前で一軒しかなかった時代だから。義兄は年を取ってその頃はもうあまり働かないようだったけど、姉がホルモン屋でよく働いた。福島で家を五軒建てて、今は店を一軒だけ残して子どもたちが処分したけど。

義兄は一緒に山子をしていた時、よく言っていた。「俺は炭鉱で六ポンドハンマを持って毎日掘ってたから手がぺったらこくなった」って。あと頭の後ろをよく棍棒で叩かれたから、「馬鹿になるかその前に逃げるかだった」ってよく教えられたよ。棍棒で叩かれると、もうそのままになっちゃうんだって。もうそこから脱出もしなくなる。馬鹿になる前に、逃げて生き延びるか、ということで、逃げてきたという。強制労働は辛かったんだね。

子どもを残した弟の方は、日本人と結婚したみたいで、弟が死んで日本人の母親がいなくなった。それで、義兄がひきとって、弟の子ども連れて静内でいるときに家の姉を紹介されて一緒になった。姉は連れ子も自分の子どもも区別なしに一緒に育てた。

朝鮮人たちは、「茅葺《かやぶき》に逃げれ。茅葺に逃げれば生き延びれる」って小川さんも言ってるけど、茅葺はアイヌの家だから。

もうひとつは朝鮮戦争の時期、私は五歳くらいだったかな。家の茅葺の二階に煙たい茅葺の中に二人いつも隠れていたよ。その人は金山、金海っていう人。背の高い人。夜になるとそおっと出ておしっこしたりするのね。夜になるとランプの明かりの下で食事をしたりしていた。他の人には家に人がいることを絶対に言うなと、親から言われていた。その前に家には外にポチがいるの。犬がね。よそ者が来ると吠える。それで、すぐわかるのね。身内なのかよそ者なのか。金山さん、金海さんは私を高い高いしたり、屋根の粘土の中の萱を引っ張って、背が高かったから、自由に萱を引っ張ってその実を食べたりしていた。二五、六歳くらいだった。冬に来て、萱の実を食べる頃だから五月六月くらいまでは、そうして家に隠れていた。

静内の御幸《みゆき》町のアパートに林という口を染めた婆さんがいたの。その人も朝鮮人と結婚した。割合多いよ。戦時中だけでなく、戦後もそうして朝鮮人と一緒になったアイヌの女性は多かった。

貝澤薫
（かいざわ・かおる）

◉民宿チセ経営、元平取町議会議員
◉一九三七年、北海道平取町二風谷生まれ
◉二〇一二年八月一〇日、二風谷にて聞き取り

家の親父は今でいう林野庁の仕事をしていたので、そういう人たちも出入りをしていた。父親も二風谷《にぶたに》で生まれた。お祖父さんは二風谷で生まれ育ったんだけれど、お祖母さんは門別《もんべつ》、今の日高町の山の奥の方で山門別というところから嫁いできたの。その子が家の親父で力蔵。おふくろは北

見出身の和人の方が子どもを連れてきて、萱野茂の叔母さんのところに養女にした。その人は子どもがいなかったので。おふくろは七歳くらいのときに二風谷に来たっていうんだよね。こっちへ来たんだけども戸籍がなかったので、親父と一緒になったとき、戸籍がなかったのね、こっちで。子どもが出来た時に婚姻届けが出せないということで、ずいぶん籍を探すのに大変だった。子どもできたのに、上の子が良子っていうんだけど、籍に入ることができなくて、家の親父の妹、お祖母さんの私生児として戸籍に入れた。家の長男の兄貴が、探して探して戸籍があるところがわかって、婚姻届を出した。力蔵といわの子どもとしてね。昔はそういうことがずいぶんあったようでね。

越年婿《おつねんむこ》っていって、シャモばかりじゃなくて、在日の方々もずいぶんいてね。北と南のやつがいてね、あれ複雑だけども。俺たちが子どもの時もずいぶんいましたよ。子ども二人も三人もつくっておいて、いなくなったって。母親と子どもだけになる。母親はアイヌの人が多かった。俺より一つ先輩の女の人がその越年婿の子どもでいたし。そういう子どもたちは母親の私生児。だからほとんどが、父親は見たこともないけどね。

親父は植林をしていた。木を切るのではなく切ったあと、植林をしていた。だから、ずいぶん人も使っていて、在日の人たちも出入りしていた。戦前、日東鉱山とか八田鉱山にいた振内《ふれない》の方の朝鮮の人たちが戦後、林野の仕事をして家に来て働いていた。振内の方にはずいぶんいたはずですよ。今もつきあいがあるよ。それから、亡くなってしまったけれど、大昌園のマスターも、地元の人と一緒になって。在日の人でもね、本当にこの人はいい人だなという人はたくさんいましたよ。仲のいい友達でゴルフ一緒にやったり、遊んでビール飲んだり。家の子どもが小さい時、肉食べたいっていったら、すぐあそこに行ったりした。

母親のいわは、さっきも言ったように、養女として北見から来たけど、風貌からいって中国系じゃないかと思う。戸籍では江戸という人の娘だったけれど、その人のお祖父さんが連れてきたそうです。北見は、本州から来た人たちは、夜になったら何もない、すぐに寝る、子どもだけはたくさんできて、育てられないって。中国・韓国系の人たちは、ずいぶん前から来てたと思うよ。日本の文化も大方は中国と韓国ですからね。

女房の母親は夕張から来た。婆ちゃんは韓国系だよ。俺はそう思うんだ。父親は夕張で。どこの馬の骨だかわからんて、それはよく聞いたもんだ。そういうふうなかたちで連れてこられて、大きくなって、地元の人と一緒になって、喧嘩になると、どこの馬の骨かわからんものがって。普段は仲がよくても、人間いざこざがあると、そういう。

家で働いていた人たちは、「半島」という言葉はよく聞いた。だから差別じゃなくて、「あれは半島出身なんだ」って。でも、一番気に食わなかったのはね、カメラの「バカチョンカメラ」っていう言葉。あの言葉には、本当に頭にきた。よく、「すみません、カメラ撮ってください。バカチョンカメラですから、誰でも撮れます」っていうと、すぐカチンとくる。「ちょっと今の言葉ね、大変な悪い言葉なんだよ」って言うの。「どうしてですか」って聞くから、「あれは馬鹿でも朝鮮人でも写せるっていう意味なんです」と言うと、「わあ、もう、これからは絶対使いません。ごめんね、ごめんね」って、何人もいたよ。そういう言葉使ったらだめだって。チョンっていう言葉は、ずいぶん差別的な言葉で、アイヌに「アイヌ」っていうのと同じで、チョンって言うのは、好きでない言葉だったね。半島の方がやっぱりきれいだったですよ。チョンっていうのは、差別語だったと思うよ。

朝鮮の人は、働き者だったっていうよ。話聞いたら。知ってる人何人かいたけど、とにかく稼ぐ人だったね。俺の親父から聞いたのは、朝鮮の人には警戒しろっていうことだった。俺の付き合った人には、そんな悪い人はいなかったですよ。親父が知っている朝鮮の人たちは、夏に流れてきて越年婿になったり、行ったり来たり行ったり来たりして。出稼ぎに来た人たちだと思うよ。親父の仕事は山だったから、雨降っても朝鮮の人たちは山に行くんだって。それで、そんなに仕事してるのかと思って、様子を見に行くと、大きな木の下で火を焚いて団らんしてて、夕方なったら帰って来てたって。それを見たから、それを言ってたんだと思うよ。結局、雨降っても仕事に行くって言って、木の下で火を焚いて、夕方まで待って帰って来たのをみて、気を付けろよって言ったと思うんだ。それ以外、考えられない。俺が知ってる人では、そういうことをやるような人は見たことがないから。

家の母が言ってた。親父の妹が半島から逃げてきて、かわいそうで、匿ってやったって。そういう話は聞いた。でも、それを話すと逆にやられるからね。自分たちも危険なのに助けるっていうのは、アイヌの民族性なんですよ。朝鮮の人ばかりじゃなかったと思うよ、そういうのは。

戦時中だったけどね、苫小牧王子製紙のとこから食料がないもんだから、親子で、小さい子の手を引いてリュックサックをしょって、今でいう画用紙みたいなものを持ってくるんですよ。そうやってきたら、家で泊めてやって、じゃがいもだとかトウモロコシだとか食糧を持っていかせるんですよ。お金もとらないで、ただ泊めてやって、そういうものを持たせてやった。そういうのを、俺、子どもの時から見ているからね。家の親父たちばかりじゃなくて、アイヌの人たちは、そういうことをしていたと思いますよ。

家の長男、俺は水戸黄門だっていってるけどね、その兄貴も養子で来てるの。俺たち子ども十何人もいるのに、それでも養子として連れてきて、一人前にして育ててちゃんと財産分けしてやって。その兄貴も亡くなっちゃったけどね、和人だった。俺がいつも兄貴は幸せだなあと思ってたのは、母親がそういう境遇で育っているからね。アイヌのところで育って。だから母親は兄貴のことを俺たちより大事にしてたよ。テツオっていうんだけど、何かあったら、テツ、テツって。母親のいわそのものが、萱野のところに養女に来て育っていたから。あっち来たりこっち来たりしてやっと大きくなって、家の父親と一緒になったんだから。おふくろがいつも言っていたのは、お前らはアイヌじゃないって。アイヌはね、こうなんだって。アイヌがいたから自分がいるんだって。アイヌがいるからお前がいるんだよ。アイヌがいなかったら、自分は死んでたべって。

そうではあっても、差別は酷かったですよ。石は飛んでくる、襟首つかまれてぶん殴ってくる。それでも二風谷《にぶたに》なら学校に行っても、アイヌの子どもが多いから。シャモの子どもたちも何人かいたけれども。特別な差別とかそういうものはなかったけども、親は差別してた。子ども同士ではないの。だけど親はやっぱり差別してた。玄関から入れなかったとか。それじゃあ、そんなに経済的に豊かなとこかっていったら、そうじゃない。経済的に豊かでもないところからもそうやって差別を受けた。日本人は、農家やったり山稼ぎをしたりしていたけど、アイヌの助けがなかったら生活できなかった人たちだから。

朝鮮人に対しても、和人は差別していたと思うよ。一緒にゴルフやっていた人も、アイヌに育てられた和人なんだけど、在日の人に「チョン」とか。一緒にゴルフをやりながら、目の前では言わないけど、ちょっといなくなって、スコアがその人の方がいいと、「なに、チョンなんか」とか言う。そういうところがあるもんだから、だんだんゴルフも誘われてもしなくなった。その人ももう亡くなったけど。

アイヌといっても、両親のどちらかが和人だったりすることも多い。というのは、和人化政策、早く和人になれっていう、アイヌの風習・文化はダメなんだっていう政府の方針で、アイヌ語使えなくなったり、入れ墨も廃止されたり。

頭に来たやつがいたよ。アイヌの女に触ったらすぐ結婚できるもんだっていう和人がいた。アイヌの女の心理を逆手にとったやつがいたの。だから頭に来た。私も若い頃は女遊びはしますよ。アイヌはごまかさなかったよ。シャモの女だけ、この野郎と思ったら、そこまではいかないけど、徹底して惚れらせるの。そして、切っちゃうの。そういうことは随分やったよ。復讐。

あと、アイヌの娘とシャモの息子で、経済的にはアイヌの方が豊かで雲泥の差があっても、結婚の時にはシャモから反対されるの。そういうのは、もうずいぶん見てるよ。本人同士はすごく好きあっていてもね。かわいそうだね、ああいうの見たら。

樺太アイヌって言われている人は、川上勇治さんで、十勝出身らしいんですよ。先祖はね。ロシア系統で十勝にいたんだけど、いろんな事情で来たんだっていうのは聞いてる。日高アイヌが食糧不足で、十勝に行って鹿を獲って、全部いっぺんに持ってこれないものだから、預けておいたって。で、後で取りにいける時期になったら、その十勝の人たちが食糧難だったから食べちゃったと。その賠償として十勝から日高によこされたのが、川上勇治さんの系統なんだと、本人から聞いた。

昔はこの辺なんかでも、俺らが小学校の頃、学者連中が来て、知能検査やいろんなテストをやらされた。小学校三、四年生くらいの頃かな。写真も正面からとか横からとか撮られたり、血をとられたり。シャモの子どもなんか二人か三人しかいなかったから、アイヌだけだったのかどうかわからないけど。十何人の同級生がいたけど、学校で、教員が立ち会って。子どもだから、言われたら何のことかわからないけど、テストだってやってた。ともかく写真撮られたり学力テストをやったのは覚えてる。今の時代だったら、ただではおかないけど、あの時代だったら、学者連中が来たら、旦那さん旦那さんて言って、やってた時代だから。

大人になってからも、生活館で写真を撮ったり血を採ったり、一人一〇〇〇円でね。でも、おまえはダメだって言われた。半分アイヌで半分シャモだからなのかと思ってね。俺はしてくれなかったよ。金ももらえなかったし。五〇年くらい前じゃないかな。

今でも差別はあって、「アイヌは馬鹿だから焼酎飲ませて土地取った」って平気で言ってるやつがいるのさ。それを聞いて、それなりのことを、アイヌ協会からするからって言ったら、ぺしゃってなっちゃった。

「ちゃんと育てないと、嫁に行ったり、嫁をもらったりするときに、支那が朝鮮かエッタしかいないぞ」って言われて育てられたアイヌもいた。俺の父親の弟の嫁がそういわれて育った。その嫁さんは和人の父親で門別出身。そこの地域はそういう差別があったところなんだね。

今、八〇歳以上の人は、中学校には行ってないと思う。そんなんだ。家の家内も小学校だけだ。炊事だけできれば、女はよし、とされてた頃で。差別っていうのは、教育が進むと、余計にひどいと思う。よくなったという人もいるけど、余計に悪くなったという人もいる。

学校でも、先生が「分かる人」っていって、手を挙げると、和人の子が机を後ろからドーンとぶつける。アイヌが手を挙げるなって。酷かったもんだよ。俺はやり返した。でも、親がまず差別するし、先生が差別する。そうやって、学校で差別を学ぶんだよ。

でも、違う先生もいたよ。俺は、昔先生って、神様みたいだと思ってた。なんでも知っていて、何も見ないですぐに答えられる。「勉強すれば、先生みたいになれるよ」って言ってくれた先生もいた。家の親父は二風谷の学校を創設した人だから、新しく赴任してきた先生で、まず一番最初に親父のところに挨拶に来る。そうしないとだめだったから。それが、一番最初に学校入った時の先生。

昔は「ラタ」。ラタシケプのラタ。それはアイヌの側からいう。半島とのラタだ。言葉の裏表だ。言えないというところに、相当の苦しさがある。

昔、アイヌの女に惚れて一緒になろうとしたことが二、三度あるけど、向こうの女性から、アイヌはアイヌとじゃない方がいいって、別れた。それほどアイヌにとって、身体的なつまり毛深いというようなことに対する劣等感みたいのがあった。アイヌの血を薄くしたいって。それほど、差別というのは奥深いものがあった。毛のこと「ヌマ」っていうんだけど。

二〇年前の話で、結婚する前の日にみんなで集まって、新婦にガムテープを貼って、バリバリってはがす。そうしなかったら、かわいそうだって。その人の親が気にしてる。今言えば、笑い話かもしれないけど、本当にかわいそうな話だよ。相手はシャモで、嫁がアイヌだってわかってても、結婚するとき、毛があることがわからないようにしたってこと。腕から脛から。それほど奥深いものがあった。

誰かが病気で入院したら、まず、カーテンしてみんなが集まって、ガムテープで毛をはがしたって。俺、聞いたとき、最初笑ったよ。でも、あとから涙が出てきた。

小学校六年の時に、私とアイヌの子だけが残されて、身長体重測られて、血を採られたりしたのも、そういうことなのか、と後になってわかった。あと一〇〇〇円で血を採られたり。ハボはそうやって一〇〇〇円もらって来たっていってたけど、母は行ってもやってもらえなかったって。べそかいてた。差別されたって。

二風谷では、アイヌの人たちばかりだったけど、後から和人が来て、和人が差別されたって。やっぱりよそもんかって。差別は世の中、なくならないね。

金田一京介の姉の子ども、甥っ子、ここに来て泣いてたよ。母がアイヌに対してひどいことしたって。いつでも母が言ってこぼしてたって。二風谷に金田一京介の碑があるよって言ったら、涙ボロボロこぼして、アイヌには、本当に悪いことしたって、泣いてたよ。

アイヌ協会も、すっかり飼いならされてしまって、何も言えなくなっている。先住民族の決議をしても、先住権については何も触れていないし。だからって、和人全部出ていけって、そういう話ではない。ただ、土地の使用料についてどうするかということにもなるんだよね。共有財産っていうのがあったけど、旧土人保護法で抹消されてしまった。一番大事なところを抹消して、認めたって言っても、骨抜きだと思うわけ。文化だけ。その文化は観光で、金儲けだけ、みたいな。

阿部義雄
（あべ・よしお）

◉北海道アイヌ協会平取支部理事
◉一九四一年、北海道平取町紫雲古津生まれ
◉二〇一五年九月五日、韓国安山市故郷村アパートにて聞き取り

アイヌの人たちがそれまで食べるだけしか魚を獲ってなかったでしょ。それが何もかもダメになって。食べるためだけに川で魚を釣っていると、警察が来てすぐ逮捕だものね。俺が子どもの頃でも知っていたけどね。俺が小学校高学年、中学の頃でも、夜に網を流して、一匹二匹釣ったら帰って来て。次の日、警察が来て、家の中まで探すんだよ。富川《とみかわ》でアバ張って、産卵させるためにあれが出来てから、いっそう厳しくなった。

淡路からの移住者が大量に来て、多くのアイヌの人々は土地を失うことになった。以前は六反の

田と五反の畑があったのが、三分の二以上を失った。紫雲古津《しうんこつ》では、アイヌは「鍋沢《なべさわ》」姓が多かった。自分もずっと鍋沢だと思っていたんだけど、孫爺さんが鍋沢パリキシマっていうんだ。孫婆さんがなんていうのか、もうわからない。アイヌのことは差し障らなかったから。俺より五つ年下の妹は「お兄ちゃん、絶対アイヌになんかなるなよ、なるなよ」って。今になったら、もう遅いけど(笑)。でも、それだけ苛められた。七人兄弟だった。

学校に入るとき、提出する書類を取りに行ったら、父親が鍋沢じゃなくて、阿部になってるわけ。父親は戦争行って、帰ってくる時にそのまま雲隠れしたみたいなんだ。父親は和人で阿部の姓を名乗っていた。母親はアイヌだった。母親の再婚相手は戦前にカムチャツカから渡ってきたアイヌで「鮫」姓だったが、阿部姓を名乗っていた。貧しい貧しいっていっても、アイヌの人は子どもをなげなかった(捨てなかった)からね。うちの孫爺さんはあちこちの和人の子どもをもらって育てたわけ。そして育てて、そういう人たちはみんな、孫爺さんの籍に入ったわけさ。やっぱり人間性だと思う。人間を大切にする、生き物を大切にする。アイヌの人はそうだった。なげたものでも拾って来るからね。

朝鮮の人は、結構いたね。平取から紫雲古津につづく築堤を作るのに、朝鮮の人がたくさんきていて、去場《さるば》に大きな飯場があった。半分の人が朝鮮人だね。子どもの頃だけど、よく覚えてる。子どもながらに聞いたのは、富内線の幌毛志《ほろけし》の隧道で、朝鮮の人たちが自分たちの仲間が人柱にされたとかってよく言っていた。そのトンネル掘るのに、あまりにも崩れるので、人柱を埋めたというんだ。それを俺が小学生の時聞いた。あの頃、野犬がものすごい多くいたわけ。その人たちが、工事をしながらその野犬を獲って殺してその肉を食べるわけ。俺の家は茅葺だったから、アイヌの家だとわかって、その人たちも来たんだろうね。父親と飲み友達になった朝鮮の人が三、四人でいつも来ていた。子どもの頃その犬を食べておいしかったのを覚えている。あの頃は羊を飼っていた人も多くて、羊が野犬に襲われるからね、そうやって食べたりした。そのあとは、毛皮をなめして座布団みたいにしていたよ。幌毛志で働いていた人たちが戦争が終わった後も築堤工事をして、その後アイヌの女性と一緒になって他の所に移って行った人がいるね。

通った小学校は、紫雲古津小学校で、かつては山の方にあったのだが、五年生の時に今の場所に移った。小学校時代、貧しかったので、縄で編んだ長靴を履いて通ったり、弁当も持っていけなかったこともあった。まず、苛められたね。でも、いい先生もいた。俺は長男だったから、下の赤ん坊をおぶって学校に行ったこともあったその先生が見かねて、赤ん坊が寝たら、その先生の家に赤ん坊を連れて行って、寝かして、特別に教えてくれたりした。

アイヌの子どもをコタンのヘカチ(アイヌ語で洟垂れ小僧)と言われたりするんで、六年生くらいになると学校帰りに待ち伏せをしてる。そしたら、相手は鼻血出したりたんこぶつくったりするっしょ。そしたら次の日、親が先生呼んで、先生に呼び出されて酷いことされた。冬なんか、窓の外投げ出されてね。あの頃は、先生がおっかなかったものね。死んでも忘れないね。同じことをしても和人の子どもは罰を受けることはなかった。そんなのは見たことがない。でも、アイヌの子どもは竹の棒で指を叩かれたり、バケツを持たされて廊下に立たされたりした。

和人の子どもにアイヌと馬鹿にされることが多く、その侮辱と屈辱に対する対抗は、子どもには単純な暴力しかなかった。それを教師がアイヌの子どもが暴力的であるとか反抗的であるといってアイヌの子を罰した。

朝鮮人の父親とアイヌの母親の子どもが同級生だった。その人は平取の中学に行った。平取にはそういう人が多いでしょう。それをひた隠しにして、朝鮮人の人がアイヌの連れ合いの名前に変えてわからなくなった。でも、そういう人は多い。俺も知っている人も、もう亡くなって、その子どもも八〇歳くらいだ。

俺は中学は富川《とみかわ》で自転車で通っていた。中学になると苛めとか差別はなくなったね。鍋沢だったけど、それはアイヌの苗字。去場や紫雲古津は鍋沢、平目が多い。でも、自分は阿部だから、アイヌとは思われなかったかもしれない。でも、中学の時は、アイヌということを隠していたね。回りは知っていたかもしれないけど、中学ではそういう差別を先生が抑えていたんだね。学校ではアイヌのことを習ったことなど、いっさいない。最近は習うんでしょ。俺たちの頃は全くなかった。

今でも、孫の時代でも、あまりアイヌのことは言ってほしくないという。だけども俺の息子はどうっていうことはない。

四八年前に二風谷に移り、当時は大成道路で働いていたが、二風谷のドライブインで出会った現在の奥さんと結婚をした。紫雲古津の家の方は兄弟たちに譲って、俺はこちらで一人でやって行こうと決めた。今、公衆トイレになっているところがあるでしょ。あそこにでっかいドライブインがあった。民芸店もやって店をやったり食堂をしたり。そのうち萱野茂さんの近所であったこともあり付き合いを深めていくなかで、四〇歳を過ぎてから、アイヌの文化と伝統に対し誇りを持つようになった。「アイヌであることも、悪くない」。と思うようになった。そして、「阿部さん、船乗りしてたでしょ。アイヌの行事も手伝ってくれないか」と言われた。

育ての父親の鮫さんは、紫雲古津で渡船をしていた。それを見ていたので、自分自身も船漕ぎが得意で、小学校の頃から船を漕いでいた。魚獲りも得意だった。平取町が行っている「チプサンケ（舟下り）」を最初の年から今まで四六回目。一度も欠かしたことがない。現在では、二風谷のエカシとしてアイヌ文化の伝承を行っている。今はもうカムイノミも若いものに任せているけど、昔はカムイノミもきちんとやって。今は縁結びのカムイノミだけやっている。だから、アイヌ語を知らないエカシなんだ。

五、六年前、チプサンケに来ていた大学生がいたわけ。今は北陸の大学の准教授かやってる。大学に来て講義してくれないか、というので、女房と俺と妹と、二、三回講義したこともある。織物をしたり、ムックリだとか、アイヌの体験などを話した。萱野さんに、「今からでも遅くないから、アイヌ語覚えろ」と言われて、「いいよ、もうこの年になって」ってその時はまだ若かったけどね。そのうち、協会の方から理事やってくれって言われて、もう二五年くらいになるかな。だから、もう若いもんにやれっていうんだけど、若いもんが嫌がるもんだから、あちこち行って、カムイノミしなきゃならない。いや、いいんだ、坊さんだって巻物みながらやるんだから、一言も間違えないように、見ながらやればいいって言ってるんだけどな。

戦前には、伝染病で多くのアイヌの人が死んだことがあって、それを集めて燃やしたということは聞いている。それは振内《ふれない》ではなくて、もう少し二風谷よりのところだ。名前は忘れたな。

昭和四五年(一九七〇年)か四六年ごろ、墓地整備条例により、紫雲古津の墓地も古来からのアイヌの墓標がなくなり、遺体が掘り起こされて大きな木の根元で焼却された。それまでは、アイヌの墓標が紫雲古津でもいっぱいあった。アイヌの人は一回埋葬すれば、もうそこへは行かない。家の裏にイナウを作って、そこでイチャルパをする。

紫雲古津でも各自で自分の墓はそれぞれ建てたけど、無縁の遺骨はそのまま平取町が処分した。本町の方なんじゃないかな。あの当時は和人が権力を持っていたから、和人とアイヌと分けたんじゃないかな。本町の方でも神社の近くにアイヌの人たちが多く住んでいたからね。それから和人が来て、いい場所は、全部自分たちのものにしてしまった。多くの埋葬品があり、刀や首飾りなどを見た記憶が鮮明だが、それがどうなったのかは、わからない。アイヌ協会にも調べてくれっていうのに、知らないっていうんだ。それは町がわからないという。そんなことないはずなのに。

それが、マムシがよく出て来たんだ。木箱だから。しっかり腐ってない所にマムシが固まりのようになってついていた。で、紫雲古津と去場の共同墓地で掘り起こされて焼かれた無縁の骨は、その紫雲古津と去場に無縁碑を作るべきなのに、それがないんだ。二風谷《にぶたに》はあるでしょ。俺は二風谷の無縁の中には入ったよ。知り合いが癌で亡くなった。引き取り手がないから、供養して焼いてその骨を二風谷の無縁の中に納めた。だから、他の場所での骨をいつだれがどこに持って行ったのか、わからない。

任元植（イム・ウォンシク）

◉一九三一年、サハリン・ドリンスク（落合）生まれ
◉二〇一五年九月六日、韓国安山市故郷村アパートにて聞き取り

私は北海道に知り合いがたくさんいますよ。室蘭、登別。それももう、二〇年前のことですよ。だから今はもう亡くなったと思いますけどね。一九九〇年の九月に日本に行きましたよ。中学の同窓会で。

私の両親は韓国生まれで、日本へ渡り、それからサハリンに来ました。父親は最初古物商をやったんですけど、おもしろくなくて土木業をしていました。父親は一八九八年生まれで、二〇歳頃、日本に行ったらしいです。そして日本でいろいろ揉まれて、それでサハリンに来たんです。だいたいがそうですよ。徴用で行ったという人はまた話が別ですけど。

私は落合《おちあい》で生まれて、六歳のころに豊原《とよはら》に移りました。そして、豊原中学に入学し、終戦の時に二年生だったので、戦後、一年また通ったんです。落合は日本人が多くて、朝鮮人は少なかったんです。中学に入学した朝鮮人は本当に僅かでした。中学は五年制で全校生徒は一〇〇〇人を越えていました。私の学年は二〇〇人の中で朝鮮人は四人でした。四人のうち三人は亡くなって、私だけが残っています。安山に来て二人が亡くなった。

私が在学していた時には、たぶん一〇人くらいはいたんじゃないかと思います。でも、予科練に取られた人もいたし、自分から志願した人もいた。その頃は軍人志望じゃなきゃ中学に入れないんですよ。本心は違っていても、軍人になって日本を守りますって。天皇陛下の一兵卒になって戦いま

すって言わなけりゃ、中学に合格できない時代でした。戦争時代だもの。昭和一九年だから一九四四年頃でしょう。

昭和一九年から五年制だったのが四年制になったの。早く兵隊に引っ張っていくために。人が足りない。若い人が足りないからって。私の知っている人で、優秀な人だったんだ。あの人も特攻隊、大刀洗《たちあらい》ってところに将校になったんだけど、終戦間際に戦死したっていう噂を聞いたことがあります。詳細はわからないけれど、そうやって軍人になって死んだ朝鮮人もいたんです。

その頃は、そういう教育しか受けていなかったから、日本人ではないけど、日本のために我々も特攻にまでなって戦うと。仕方なかったんですよ。苗字も金は金子になれ、豊本になれって、「内鮮一体」って言ってね、「おまえたちは日本人だ」ってね。「大東亜共栄圏」って、南方に行っておまえらは日本人の一人として活躍しなければだめだと。だから我々も若い時代でしょ、子どもだから、喧嘩なんかすると「えい、朝鮮人」とかってことは出ましたよ。そういうことは聞きましたよ。でも、私たちが住んでいた町内は、まあ、庶民ですね、そこでは、何も差別なんて感じませんでしたよ。韓国にいた人間たちはわからない。我々が樺太って言ってた時代は、大きな差別はなかったですよ。同じものを食べて。あの時は配給時代だったから。服だってみんな同じ国民服を着ていたし。また、韓国人は日本語が下手なものだから、労働者でした。でも食べられないほどではなかったものです。家だって四、五人だけど、なんとか生活していけましたから。

だけど、私は日本時代から、こう思ってましたよ。朝鮮人でも日本人に劣るということはないと。

組のなかにも四人の朝鮮人の友達がいましたけど、結構みんな勉強もできましたから。

日本が戦争に負けて、ちょっと複雑な気持ちでしたね。だいたいね、日本は正義の国だし、強い国だと言っていたのが、ぺちゃんこになってしまったんだから。焼野原になって、これからどうしようかと思っていたところにロシア人が入ってきました。本当にちょっと複雑な気持ちでしたね。

そして、それからまたソ連の共産主義教育が始まって。詰め込められて。今度は日本が悪いんだって。最初の頃は、ソ連の共産主義は、みんな平等で、男女も平等でいいものだと思っていたけれど、ソ連がなくなってみたら、ソ連も結構嘘を言っていたわけですよ。

終戦後、サハリンから日本に帰る帰国船が小樽沖で爆破されたんですよ。その時、ロシア人がやった、これはロシアの仕業だって、言ってたんですね。そうすると、それは違う、アメリカの潜水艦が攻撃したんだという。だけど、私は絶対アメリカがするわけはないと思っていたんです。そしてソ連が崩壊したあと、エリツィン大統領が、「それは確かに我々がやったことだ」と言ったんですよ。謝罪したんですよ。

それから六五万人って、どのくらいの数かわからないけど、満州で捕虜になった日本人がシベリヤに連行されましたね。あれも、国際法によると、そういうことはできないことになっている。アメリカが三年半やったって、そんなことはひとつもやっていない。捕虜は半年後に解放されてますよ。ロシアは長ければ一〇年も。死んだ人間が相当いたというんです。でも、ソ連は絶対に強制ではなく、自発的にシベリアに行ったんだと言っていたわけです。後から、こういう人が帰ってこない、シベリアで死んだんではないかっていうと、そんなことはないと。

ところが、これもあとからエリツィンが死んだ人の名簿を全部公開したんです。あの酷寒の地で、黒パンと水だけで、過酷な労働をさせられたら、どれだけの人が死んだことか。だから、ソ連時代、政府が言っていたことは、全部違うんだと、私は幻滅しました。ソ連の共産主義はたいしたことないと思いましたよ。スターリンが朝鮮人を中央アジアに強制移住させたでしょ。スターリンは朝鮮人を信用していなかった。朝鮮人もいろいろいるじゃないですか。親日の朝鮮人は日本のスパイだと言われたり。それで、スターリンは極東の朝鮮人を非情に憎んでいた。だからもう、人の住めないような中央アジアの砂漠地帯に送ったんですね。でも、そこで、みんな頑張ったんでしょう。カザフスタンとかウズベキスタンに住んでいた朝鮮人は、みんな裕福になって暮らしていますよ。だから、私は思います。朝鮮人は絶対他の民族に劣らないと。

戦後はソ連の宣伝をするために、サハリンに、そのタシケントの朝鮮人が来ていたようです。彼らはその頃は「我々はソ連の保護のもと、豊かに暮らしている」と言っていましたけど、後から聞くと、そこの人たちもすごく苦労したそうですよ。あのスターリン時代は本当に大変でした。私も子どもで小さかったけれど、とんでもないと思いました。憲法の中にもありますよ。ソ連の国は自由の国だと。でも、そんな自由はなかったです。あの時代は恐ろしかったですよ。

八月一五日は終戦でしょ、あの時、ソ連の戦車が遠くからやってきた。私は一三、四歳の子どもでしたけど、五〇台までは数えましたけど、それ以上はもうわからない。そのくらい圧倒的な大きい戦車がすごくて、びっくりしました。これじゃあ、日本も大和魂だけじゃ勝てないと。

それまでは、木銃を持って軍事教練をさせられていたんですよ。科目があったから。でも、今、考えてみたら、とんでもない、あんなもので勝てるわけがないと思った。

戦後は肉体労働でした。そういう豊原中学を出ていたから、少しは給料もよかったけれど、あまり目立つことはできなかった。自動車の修理とか、漁船が故障したらそれを修理する部品を作ったり、それを専門にする工場があったんです。そこで働きました。その頃はまだロシア語が下手だったんです。日本時代は日本語できなければやっていけなかったし、ソ連時代にはロシア語を覚えなければならなかったし、大変でした。だから、年とって韓国に来たから、韓国語は不得手だ。うちの妻の方が韓国語は断然上手なんですよ。二人では、韓国語で話したことが一回もない。日本語しか話せない。苗字くらいは韓国語もわかるけれど。ロシア語で話すこともたまにです。ロシア語は夜学の一〇年生を終わっているんですよ。大学は通信大学に三年通っていたんだけど、うちの親が亡くなってしまったので、私は途中で辞めてしまった。働かなければならなかったからね。夜間大学でも終わっていたら、事務員かなんかになっていたかもしれないけれどね。中途半端でした。

今、私たちはここにいて幸せです。でも、私たちがここにくることによって、第二の離散家族を作ってしまったんですよ。我々が病気したりすると、サハリンから家族が心配して来るわけです。でも、それは大変なお金がかかるでしょ。今、ロシアのルーブルは急落して非常に辛いですね。私も去年、行ってきましたけど。少しよくなったんだ、あの天然ガスが出てきたのに。プーチンのクリミア半島とウクライナのことで、すっかり生活が落ち込んでしまいました。家の娘たちも生活が苦しいと言っています。ロシアの年金は少ないし。

それに比べたら、韓国は生活しやすいです。年金も多くはないけど、結構食べていける。野菜とか果物が安い。それはもう文句がないですね。でも、韓国語はほとんど話せませんし、政府に対して言いたいことはありますけれど、私のようなものが言ったところで、変わりませんしね。

戦後は、日本からもいろいろな人がやって来て、敗戦国なのにあんなに豊かになっているというのに、ロシアは大きなことを言いながら、貧しい。サハリンにいた頃は、ちょっと日本びいきって言われてましたよ。妻がいつも言った。「じいさま、そういう話はやめなさい」と。でも、俺は嘘は言ってないよ。

日本の教育が入っていて、当時の思想的なものもまだ残っているんじゃないかなと。テレビも日本の番組を観るし、野球観て騒いでるし。日本の歌を唄うし、大相撲を観るし。

呉忠一（オ・チュンイル）
（小川忠一、おがわ・ただかず）

◉一九三一年、福岡県生まれ
◉二〇一五年九月七日、韓国安山市故郷村アパートにて聞き取り

一九四一年（昭和一六年）に父が徴用でサハリンに行きました。炭鉱で働くためでした。そこで父がお金を送るからということで、一九四三年に私は母と兄弟三人でサハリンの名好《なよし》に行きました。そこにはアイヌの人たちもたくさんいて、朝鮮人と結婚しているアイヌの人もいました。終戦後、日

本人は一九四七年から帰国が始まりましたが、アイヌの人たちはそれよりも早く、なぜかわからないけれど、姿を見なくなりました。どこに行ったのか、連れていかれたのか、わからないけれど、全く姿を見なくなりました。学校でアイヌの友達もいましたし、アイヌの人と結婚していた日本人や朝鮮人の人も一緒にいなくなりました。ある時から、全く姿を見なくなりました。

黄竜門
（ファン・ヨンムン）

●一九三〇年、サハリントマリオル生まれ
●二〇一五年九月七日、韓国安山市故郷村アパートにて聞き取り

両親は一九二三年（大正一二年）に日本の大阪に行き、それから九州に行きました。そして一九二八年にサハリンに来たんです。農業と林業をしていました。そのころ、そこには日本人が最も多く住んでいて、朝鮮人もたくさんいました。アイヌの人も大分おりましたよ。ライチシ湖にアイヌコタンがありました。そこにはアイヌの人だけが住んでいました。アイヌの友達はいませんでしたが、軍曹で山本某という人がアイヌで、髭を生やした人でした。

朝鮮人とアイヌの人が結婚することは、珍しいことですが、たまにはありました。日本人と朝鮮人との結婚はたくさんありましたね。それはもう、仕方がないんですね。今でも国際結婚というか、サハリンでは嫁もロシア人ですし、孫もロシア人です。だから、当時としても、離婚するとかなしに、一緒に暮らしていければいいと思ったんです。そして、そのアイヌコタンにいたアイヌの人たちは、戦争が終わる直前くらいに、どうしたことか、全ていなくなったんです。後で聞くと、南の方に移住

させられて、それから北海道のアイヌのコタンとかどこかに行ったんだということでした。日本人が日本に帰国したのは一九四七年より後でしたが、アイヌの人たちはそれよりも早く、全く姿を見なくなりました。

久春内《くしゅんない》という駅がありました。そこから一〇キロくらい行くと名寄《なより》という村があったんです。そこにアイヌコタンがあって、アイヌの人たちが何百人かいました。アイヌの人たちは北の方が多かったです。ポロナイスクとか。

私は七歳で尋常小学校の一年生になりました。戦争が始まってからは、国民学校になりましたが、そのころは尋常高等小学校とかと言ったんですよ。「皇国臣民の誓い」とか、いろいろやらされましたよ。日本時代には、差別がないわけではなかったですよ。「チョーセンジン、チョーセンジン、アオナッパ」とかね。そんなことは言われてました。でもそれは、子どものわんぱく時代でしたからね。日本人として教育を受けていましたから。当時は軍事教練をさせられて、頬を殴られたりしましたよ。日本が戦争に負けたと分かった時は、やはり、私は日本の教育を受け、日本人とも仲良くしていたので、残念だなという気持ちが強かったですね。負けてよかった、という気持ちはなかったですね。日本人と一緒に悲しみました。

一九四七年(昭和二二年)に日本人が帰国していくときは、本当に寂しかったですね。子どもの頃の一番強く残っている記憶は、汽車で日本人を見送った時です。久春内の駅から、みんな日本人は真岡《まおか》へと帰国していきました。一九四八年の七月が最後でした。その時は本当に寂しかったですね。

それから四〇年過ぎるまで全然、連絡もなかったですからね。ゴルバチョフの時代からペレストロイカが始まって、「鉄のカーテン」ってあったでしょ、それが、なくなってから、自分たちで文通を始めたりしました。

終戦後、ソ連の時代の朝鮮学校には行っていません。私は朝鮮の言葉を読むことも出来ますが、やっぱり意味がわからない。日本では漢字がたくさん入ってますけど、韓国ではハングルは読めますけど、意味がわからない。それは、韓国でも今、問題になってるらしいですけど。

ソ連時代には、朝鮮人に対する差別はたくさんありました。次第にそれはなくなっていったんですけどね。私の一番上の兄の妻が日本人なものですから、一九五七年に永住帰国したんですよ。今も東京におりますけどね。兄はもう亡くなりましたが、兄嫁はまだ生きています。日本の東京の葛飾というところです。妻が日本人であるがゆえに、日本に帰国した朝鮮人はたくさんいました。

一九八七年に、韓国に帰ることが出来たんです。私は一九九三年に初めて韓国を訪問しました。釜山に親戚が三〇人くらいおりました。私はそこで、いろんな話をして、祖父母の墓参りをして、その土をサハリンまで持ってきて、私の両親の墓にまきました。せめてもの供養のためと思って。

私自身は、韓国に帰りたいという強い思いはありませんでした。韓国語もわからなかったし、習慣も日本と違いましたし。だけど、私の妻が、みんな帰国しているでしょ。周りを見て帰りなさいよ、と言うので、二〇〇〇年に韓国安山に永住帰国しました。

帰ってきたら、アパートは立派、福祉館もあって、みんな良くしてくれるし、帰ってきてよかったなと思いました。妻と二人で年金が九〇万ウォン、九万円くらいですね。だから十分なんですよ。家賃はかかりません。建物は日本政府からの出資です。管理費と電気代、水道代だけは払います。日本では絶対生活できないですね。日本では、二人で三〇〇万ウォンかかるって。まだまだ働きたい気持ちはありますけど、年を言ったら、もう駄目ですって。もう九〇歳近いですからね。でも、ここで働く者は、年金はもらえなくなるんです。

中央アジアのタシケントから来た人たちもいます。夫が朝鮮人で、国境の町のパリュというところから来たということでした。サハリンから来たロシアの女性は、夫が朝鮮人だったので、永住帰国したわけなんですが、こんなところは初めてだと言っていました。「私は一日も一時間もこの国に住んでいないし、仕事もしていないのに、生活ができるし、旅行もできる」って。タシケントから来た人は、故郷村にはいません。韓国の他のところで住んでいます。

韓国では医療費は無料ですし、永住帰国者に限って一週間入院は六〇〇〇ウォン（日本円で五八〇円）です。日本赤十字社からの補助金で二年に一度無料でサハリンに一時滞在が出来ます。三カ月くらいの滞在ですが、だいたい墓参りで、一カ月もすると、息子や娘にも迷惑なので、韓国に帰ってきます。韓国では六五歳以上は電車も無料ですし、日本のテレビ番組も一本、ロシアのテレビ番組二本が安山の故郷村アパートでは放映されます。

私が韓国語を覚えたのは、ここへ来てからです。民族的には朝鮮に決まっていますが、文化的には、まず日本ですね。それからロシア。韓国は一番自分からは遠いんです。日本のものは本当に懐かしくて、日本の文字があるとなんでも読むんです。私は読書が趣味でしたから。ゴーゴリだとか、プーシキンだとか、ヴィクトル・ユーゴとかも、日本語で読んだんですよ。ロシア語はだいたいわかりますけど、政治的なことや深いことになるとそれほど理解できないと思います。ロシアでも通訳はいりませんし、日本に行った時も、私は通訳は必要ないって言いました。

アイヌの人と一緒になった日本の人は結構いました。そういう人は、希望した人は日本に帰国しました。朝鮮人の人も私が知っている人で、日本に帰国した人もいました。アイヌの人で残った人は、日本に行ってもどうしようもないから、ここに残ると言っていました。あの頃は、アイヌの人も日本語で話していたし、同じでしたよ。日本人も朝鮮人もアイヌも。

それでも、私達は韓国に永住帰国しましたが、それが出来なかった朝鮮人で自殺した人もおりましたよ。韓国に帰国できず、希望を失って自ら命を絶ったんです。韓国ＫＢＳの放送が夜中に入ったんです。その時はソ連時代で家族や親戚がどこにいるかというのを、私たちは布団をかぶって聞いていたんです。あれは、私の弟だ、あれは私の母親だ、と。そしてそれを知ってから、絶望して自殺した人も少なくなかったんです。ある女性が韓国から夫を探してサハリンに来てみたら、夫は足を片方なくして松葉杖をついていて、そしてロシアの女性と結婚していた。二〇歳の時に結婚して樺太に行って、戦後ようやくサハリンで夫を見つけたら、夫は不具者でロシア人女性と結婚していたと、そういうこともありました。韓国でテレビ局が公開番組を放映したんですが、そういう悲痛な事例がたくさんありました。

でも、それは誰がそういう悲惨な運命を作ったのか。戦争がなければ、そんなことはなかったんですよ。

私の小学校の時の先生が千歳にいます。その先生に会ったんですが、本当に懐かしかった。「いやあ、木下、生きてたのか」と言われました。それから東京ではとバスに乗って、東京タワーや浅草にも行きましたよ。

もし、これが本になるのなら、私はぜひ話しておきたいことがあります。日本時代に強制連行された人は、いますよ。日本と韓国との間で、それは解決済みだとされていますから、日本政府からは何もありませんが、韓国政府から強制連行された人には二〇〇万円の「医療金」と言っていますが、それが支給されました。でも、強制連行でなかった人には何の補償もありません。ひとこと言っておきたいことは、我々も同じように補償を受ける権利があるということです。同じように苦労をして、祖国から見放されてようやく永住帰国をしたのに、そこで「強制連行」であるかないかという線引きは、あまりにもひどいのではないかということです。みんな同じ犠牲者なのにと、そういうことなんです。

史料

●『日本人朝鮮人相互に漂着の節、取扱方に付申達』、一八六八年、北海道立文書館蔵

●『日本人朝鮮国へ朝鮮人日本国へ漂着ノ場合ノ取扱ニ付仰出ノ件』、一八六八年、北海道立文書館蔵

●『太政官布達　四』　明治六年第二百八十二號：戊辰六月布告朝鮮國漂流人取扱規則第二條左ノ通改正候條此旨布告候事、第二百八十三號：辛未四月外國船漂着ノ旨取扱布告中朝鮮國ノ船ハ清國同斷ト有之候處元来朝鮮國船ノ儀ハ其製造堅牢ナラス遠海ヲ航行スヘキ具ニアラサレハ左ノ通改正候條此旨布告候事、防衛研究所戦史研究センター蔵

●『本邦在留朝鮮人、鳥獣免状請求ノトキハ遊猟免状下付方ノ件(札幌県)』、一八八三年、北海道立文書館蔵

●平取町議会『昭和六三年第八回平取町議会定例会議録』

●札幌鉱山監督局『北海道鉱業一覧』、一九三六年、一九三七年、一九三八年

●総務庁統計局『日本長期統計総覧　第二巻』、一九八八年

●平取村埋火葬認許書、一九四三〜一九四六年

参考文献

●蘭信三編著『日本帝国をめぐる人口移動の国際社会学』不二出版、二〇〇八年

●アーレント・ハンナ著、大久保和郎訳『イエルサレムのアイヒマン――悪の陳腐さについての報告』みすず書房、一九六九年

●アーレント・ハンナ著、大久保和郎訳『全体主義の起源Ⅰ――反ユダヤ主義』みすず書房、一九七二年

●アーレント・ハンナ著、大久保和郎・大島かおり共訳『全体主義の起源Ⅱ――帝国主義』みすず書房、一九七二年

●アーレント・ハンナ著、大久保和郎・大島かおり共訳『全体主義の起源Ⅲ――全体主義』みすず書房、一九七二年

●池内敏『近世日本と朝鮮漂流民』臨川書店、一九九八年

●石川芳太郎『サガレンの文化と富源』帝国地方行政學會、一九二三年

●井上勝生『明治日本の植民地支配――北海道から朝鮮へ』岩波書店、二〇一三年

●植木哲也『学問の暴力』春風社、二〇〇八年

●上野志郎『室蘭における中国人強制連行強制労働の記録』中国人殉難者全道慰霊祭事務局、一九九四年

●岡和田晃、マーク・ウィンチェスター編『アイヌ民族否定論に抗する』河出書房新社、二〇一五年

●小川隆吉著、瀧澤正構成『おれのウチャシクマ――あるアイヌの戦後史』寿郎社、二〇一五年

●カミングス・ブルース著、鄭敬謨・林哲・加地永都子訳『朝鮮戦争の起源1――一九四五年―一九四七年　解放と南北分断体制の出現』明石書店、二〇一二年

●樺太庁『樺太要覧　全』、一九一三年

◉金昌厚著、李美於訳『漢拏山へひまわりを』新幹社、二〇一〇年
◉クージン・チモフェーエヴィチ・アナトーリー、田中水絵・岡奈津子訳『沿海州・サハリン近い昔の話——翻弄された朝鮮人の歴史』凱風社、一九九八年
◉ゲ・デ・チャガイ編、井上紘一訳『朝鮮旅行記』平凡社、一九九二年
◉小松裕・金英達・山脇啓造編『「韓国併合」前の在日朝鮮人』明石書店、一九九四年
◉済州島四・三研究所編、許榮善著、及川ひろ絵・小原つなき共訳『済州四・三』民主化運動事業会、二〇〇六年
◉済州島四・三事件を考える会・東京／編『済州島四・三事件記憶と真実』新幹社、二〇一〇年
◉札幌郷土史を掘る会『証言　植民地体験ポンソンファ——日本統治下の朝鮮・サハリンの生活』、一九九七年
◉猿払村史編纂発行委員会『猿払村史』猿払村役場、一九七六年
◉澤石太編著『開道五十年記念北海道 再版』鴻文社、一九二一年
◉塩出浩之『越境者の政治史——アジア太平洋における日本人の移民と植民』名古屋大学出版会、二〇一六年
◉汐見二区沿革史編集委員『汐見二区沿革史大地は語り継ぐ』鵡川町汐見二区自治会、一九八七年
◉静内町史編さん委員会『増補改定静内町史 上巻』、一九九六年
◉篠原雅一『阿波商売今昔』徳島県出版文化協会、一九七六年
◉スナイダー・ティモシー著、池田年穂訳『ブラックアース』上・下、慶応義塾大学出版会、二〇一六年
◉石純姫「アイヌ集落への朝鮮人の定住化の形成過程において」『前近代アイヌ民族における交通路の研究（胆振・日高I）』二〇〇四年度財団法人アイヌ文化振興・研究推進機構研究助成（中規模研究）報告書、二〇〇五年
◉石純姫『胆振・日高地方のアイヌ集落における朝鮮人の定住化について——近代化のなかのアイヌ民族と朝鮮人』二〇〇五年度財団法人アイヌ文化振興・研究推進機構研究助成（財ア機構第二一四—四号）報告書（研究代表：石純姫）、二〇〇六年
◉石純姫「北海道近代における朝鮮人の定住化とアイヌ民族」『東アジア教育文化学会年報』第三号、二〇〇六年
◉石純姫「前近代期の朝鮮人の移動に関する一考察——北海道における在日朝鮮人の形成過程とサハリンアイヌの関係を中心に」『苫小牧駒澤大学紀要』第一八号、二〇〇七年
◉石純姫「東アジアの戦争遺跡——記憶の継承をめぐって、北海道における朝鮮人強制連行」『東アジアにおける戦争・植民地記憶の保存と表象に関する国際的総合研究』二〇〇六〜二〇〇九年度科学研究費補助金基盤研究（B）研究成果報告書（研究代表者：君塚仁彦（東京学芸大学））、二〇一〇年
◉石純姫「北海道でアイヌ民族と朝鮮人は記憶されているか（1）——平取町「振内共同墓地」」『東アジア教育文化学会ニュースレター』第一〇号、二〇一三年
◉石純姫「北海道でアイヌ民族と朝鮮人は記憶されているか（2）——白老民族共生空間」『東アジア教育文化学会ニュースレター』第一一号、二〇一三年
◉石純姫「北海道における朝鮮人の移住——アイヌ民族とつながりにおける重層的アイデンティティー」科学研究費

助成事業報告書　二〇一二〜二〇一五年度科学研究費助成事業（学術研究助成基金助成金　基盤研究（C））、二〇一五年 http://www.t-komazawa.ac.jp/pdf/soku

◉石純姫「近代朝鮮人の移住と定住化の形成過程とアイヌ民族——淡路・鳴門から日高への移住に関して」『アジア太平洋レビュー』第一二号、二〇一五年

◉石純姫「帝国と植民地における先住民と奴隷（強制的労務者）——東アジアと北・中南米における比較」『苫小牧駒澤大学紀要』第三一号、二〇一六年

◉石純姫「北海道における朝鮮人の移住——アイヌ民族とつながりにおける重層的アイデンティティー」科学研究費助成研究成果報告書、二〇一二〜二〇一五年度科学研究費助成事業（学術研究助成基金助成金　基盤研究（C））、二〇一六年

◉高田知幸『北の百年——稲田騒動と移住その後』、二〇一四年

◉千歳市史編さん委員会『新千歳市史上巻』、二〇一〇年

◉崔吉城『樺太朝鮮人の悲劇』第一書房、二〇〇七年

◉崔協・李光圭『多民族国家韓人社会』集文堂、一九九八年

◉朝鮮人強制連行真相調査団『朝鮮人強制連行強制労働の記録——北海道・千島・樺太篇』現代史出版会、一九七六年

◉朝鮮人強制連行実態調査報告書編集委員会・札幌学院大学北海道委託調査報告書編集室編『北海道と朝鮮人労働者』ぎょうせい、一九九九年

◉「独立行政法人国際協力機構　世界ホットアングル中南米地域」http://www2.jica.go.jp/hotangle/america/belize/001053.html

◉七十年史編集委員会編纂『北海道炭礦汽船株式会社七十年史』

◉鳴門市編纂委員会『鳴門市史 上巻』鳴門市、一九七六年

◉西谷栄治「北の海の端に浮かぶ利尻島」『しま』No.193、二〇〇七年

◉日本国有鉄道札幌工事局『辺富内線日振ずい道工事誌』、一九五九年

◉日本赤十字社北海道支部編『北海道の赤十字その百年』高木書房、一九八七年

◉林えいだい『増補版　証言・樺太朝鮮人虐殺事件』風媒社、一九九二年

◉平取町『平取町政便り』一九六〇年五月二五日

◉玄基榮著、金石範訳『順伊おばさん』新幹社、二〇一二年

◉玄武岩「サハリン残留韓国・朝鮮人の帰還をめぐる日韓の対応と認識——一九五〇〜七〇年代の交渉過程を中心に」今西一他編『北東アジアのコリアン・ディアスポラ——サハリン・樺太を中心に』小樽商科大学出版会、二〇一二年

◉藤川正夫『サハリン・ノート』、二〇一三年

◉北大開示文書研究会 http://hmjk.world.coocan.jp/materials/list.html「第一解剖移管」

◉穂別町史編纂委員会編『新穂別町史』穂別町、一九九一年

●穂別町『広報穂別』第一三二号、一九七一年
●穂別町「古老は語る」テープ収録
●文京洙『済州島四・三事件「島のくに」の死と再生の物語』平凡社、二〇〇八年
●矢武伊太郎『後藤翁と八田翁』北海道クローム増産研究會、一九四四年
●「ユネスコ　人類の口承及び無形遺産の傑作の宣言」http://www.accu.or.jp/masterpiece/masterpiece.php?id = 1&lg = jp
●EBONY Life　http://www.ebony.com/life/5-things-to-know-aboutt- blacks-and-native-americans-119#axzz3jrvrBIZY
●Crawford, M.H. 1997 Biocultural adaptation to disease in the Caribbean: Case study of a migrant population. Journal of Caribbean Studies : Health and Disease in the Caribbean. 121: 141-155.
●Katz William Loren, Black Indians:A Hidden Heritage.New York.
●Katz William Loren, Black Indians ——The official Web site for William Loren Katz　http://willamlkatz.com/

あとがき

筆者が朝鮮人の移住と定住化の形成過程とアイヌ民族との繋がりについて調査研究を始めるきっかけとなったのは、二〇〇四年度(財)アイヌ文化振興・研究推進機構の助成による共同研究「前近代期アイヌ民族における交通路の研究(胆振・日高I)」でした。当時、筆者はオーストリアで発刊された世界最初のアイヌ語辞書についての調査を行う予定でしたが、苫小牧駒澤大学の岡田路明教授から聞いた話によって、調査研究を変更することにしたのです。それは「アイヌ文化の伝承者として活躍している女性が、朝鮮人である」という衝撃的な内容でした。

在日コリアンである私も、それまでそのようなことを一度も聞いたことがありませんでした。ある文化の伝承者が全く異なる人種や民族であることは珍しいことではありませんが、当時、朝鮮人とアイヌがどのように繋がっていたのか、アイヌ民族ではない朝鮮人が、なぜアイヌ文化伝承者として活動しているのかについて知りたいと強く思うようになりました。その話を初めて聞いた一〇年以上前も、現在も、その事実は関係者は誰もが知っていることでありながら、語ることを憚る一種の禁忌でありました。

その後、東京経済大学の徐京植教授から、京都の人権活動家・皇甫康子氏がアイヌ女性と朝鮮人男性が婚姻関係を持っているということについて調査しているという話を聞きました。二〇〇五年度の個人研究として再び(財)アイヌ文化振興・研究推進機構からの助成を得、皇甫氏を北海道に招いて研究会とフィールドワークを行いました。さらに、二〇一二〜二〇一五年度まで科学研究費の助成を得て、朝鮮人とアイヌ民族双方の出自を持つ方々の聞き取りを行い、また朝鮮人の移住に関する近代期初期、前近代期後期の文書について調査を行ってきました。

聞き取りに関しては、本当に多くの方々のご協力を得ることができましたが、聞き取りを終えて帰る車の中で号泣することもしばしばでした。お話を伺うたびに、これは「研究」なのだろうか、これを「研究」として、一研究者が自分の業績としてまとめていいものなのかどうかという葛藤が常にありました。実は、それは今もなくなったわけではありません。最後まで、取材を拒否された方もいらっしゃいました。しかし、調査を進める過程で、日本帝国における先住民支配と植民地支配の歴史が交錯する象徴的な現象としてのアイヌ民族と朝鮮人の繋がりについて、拙くはあっても、その史実を記録として残し、継承していくことが必要である、という思いが強くなっていきました。共に差別と抑圧のなかにあったアイヌ民族と朝鮮人の連帯、それも非常に複雑で多様で重層的なその繫がりは、北海道における特異で顕著な現象であると同時に、世界史的な視野からすれば、ラテンアメリカなどにも見られる帝国主義支配がもたらした先住民支配と植民地支配の普遍的な暴力の構造によるものであることも明らかになってきたのです。

現在も日本においては、アイヌ民族や在日コリアン、またその双方のルーツを持つ人々に対する重層的な抑圧と差別は無くなったとはいえず、それどころか昨今の排外主義・復古主義の風潮のなかで、より深刻化しているとさえいえます。そうしたなかで、この本が少しでも役に立つことを願う次第です。

本研究のきっかけとなった事実についてご教示いただいた苫小牧駒澤大学教授岡田路明氏、[史料1・2]の翻刻をしていただいた苫小牧駒澤大学准教授酒田美奈子氏、聞き取り調査における多くの証言により、歴史的事実を明らかにしていただいたアシリレラ氏、アイヌ人骨返還訴訟を闘い和解を勝ち得た小川隆吉氏と故・城野口ユリ氏、樺太アイヌについて証言していただいた田澤守氏、楢木貴美子氏、アイヌ民族と朝鮮人についての貴重な証言をいただいた山道照男氏、故・山道きし子氏、川奈野誠治氏、山崎良子氏、川上裕子氏、阿部義雄氏、石井ポンペ氏、貝澤薫氏、金野眞氏、清水祐二氏、振内の共同墓地における貴重な証言をいただいた表谷康郎氏、サハリンにおける朝鮮人とアイヌについて貴重な証言をいただいた山下秋子氏、イム・オクチャ氏、仁元植氏、金順玉氏、金玉姫氏、黄竜門氏、李文烈氏、千大浩氏、呉忠一氏、金潤沢氏に心から感謝申し上げます。

また、アシリレラ氏の韓国での新聞記事を紹介してくださり、同氏と知り合う直接の機会を与えてくださった韓国・三育大学の李相福教授、サハリンの旅程を手配してくださった(有)ファルコン代表取締役杉山基氏、サハリンでの聞き取りでお世話になった日本人会(北海道人会)代表白畑正義氏、通訳をしてくださったイム・ミジャ氏、韓国安山市での通訳をしてくださった美術家金九洪氏、崔乖凡氏の各氏に心から感謝申し上げます。

最後に、本書の出版にあたり、寿郎社社長土肥寿郎氏、編集部の下郷沙季氏、装幀者の鈴木美里氏に心から感謝申し上げます。

二〇一七年七月

石純姫

本書は石純姫の以下の論文・報告書等を大幅に改稿し加筆したものです。

- ◉「北海道における朝鮮人の移住——アイヌ民族とつながりにおける重層的アイデンティティー」科学研究費補助金による研究（基盤研究（C））報告書、二〇一六年
- ◉「帝国と植民地における先住民と奴隷（強制的労務者）——東アジアと北・中南米における比較」『苫小牧駒澤大学紀要』第三一号、二〇一六年、三七～六二頁
- ◉「近代期朝鮮人の移住と定住化の形成過程とアイヌ民族——淡路・鳴門から日高への移住に関して」『アジア太平洋レビュー』第一二号、二〇一五年、一七～二六頁
- ◉「北海道におけるアイヌ民族と朝鮮人の記憶——白老民族共生空間」『東アジア教育文化学会ニュースレター』第一一号、二〇一三年、四～五頁
- ◉「北海道におけるアイヌ民族と朝鮮人の記憶——振内共同墓地」『東アジア教育文化学会ニュースレター』第一〇号、二〇一三年、一～三頁
- ◉「アイヌ民族と朝鮮人をめぐる記憶と表象——日高地方を中心に」『大阪経済法科大学アジア太平洋研究センター年報』第九号、二〇一二年、四一～四八頁
- ◉「北海道・穂別における朝鮮人の労務動員とアイヌ民族のつながり——重層的なアイデンティティーの葛藤と韓国での受容状況について」『環太平洋・アイヌ文化研究』第八号、二〇一一年、四〇～五〇頁
- ◉「前近代期の朝鮮人の移動に関する一考察——北海道における在日朝鮮人の形成過程とサハリンアイヌの関係を中心に」『苫小牧駒澤大学紀要』第一八号、二〇〇七年、一四五～一六六頁
- ◉「北海道近代における朝鮮人の定住化とアイヌ民族」『東アジア教育文化学会年報』第三号、二〇〇六年、一～八頁
- ◉「胆振・日高地方のアイヌ集落における朝鮮人の定住化について——近代化のなかのアイヌ民族と朝鮮人」二〇〇五年度財団法人アイヌ文化振興・研究推進機構研究助成報告書、二〇〇六年
- ◉「アイヌ集落への朝鮮人の定住化の形成過程について」『前近代アイヌ民族における交通路の研究（胆振・日高Ⅰ）』、二〇〇四年度財団法人アイヌ文化振興・研究推進機構研究助成（中規模研究）報告書、二〇〇五年、三一～五五頁

石 純姫（そく・すに）
一九六〇年東京生まれ。
中央大学大学院文学研究科博士後期課程修了。
現在、苫小牧駒澤大学国際文化学部教授。
東アジア歴史文化研究所所長。
大阪経済法科大学アジア太平洋研究センター客員研究員。

朝鮮人《ちょうせんじん》とアイヌ民族《みんぞく》の歴史的《れきしてき》つながり
帝国《ていこく》の先住民《せんじゅうみん》・植民地支配《しょくみんちしはい》の重層性《じゅうそうせい》

発行　2017年7月28日 初版第1刷

著者　石 純姫

発行者　土肥寿郎

発行所　有限会社 寿郎社
〒060-0807　北海道札幌市北区北7条西2丁目 37山京ビル
TEL 011-708-8565　FAX 011-708-8566
郵便振替 02730-3-10602
e-mail doi@jurousha.com
URL http://www.jurousha.com

ブックデザイン　鈴木美里

印刷・製本　モリモト印刷株式会社

ISBN978-4-902269-99-4 C0021

シャクシャインの戦い

平山裕人

一六六九年六月、幕府を揺るがすアイヌの一斉蜂起始まる——。関連する史料全ての精査と現地調査によって〈近世最大の民族戦争〉の全貌に迫る四〇年に及ぶ研究の集大成。戦いはなぜ起こり、どのような結末を迎え、その結果蝦夷地はどうなったのか？

定価：本体二五〇〇円＋税

ウレシパ物語

アイヌ民族の〈育て合う物語〉を読み聞かせる

富樫利一

怖い話、悲しい話、愉快な話……。胆振・日高地方に伝わるアイヌ民族のウパシクマ（昔語り）やユカラ（叙事詩）、ヤイサマネ（即興歌）一九編を子どもでも読みやすい話し言葉で収録。神々（自然）と共に生きたアイヌ民族の〈こころ〉が伝わってくる物語集。

定価：本体一七〇〇円＋税

かえりみる日本近代史とその負の遺産［改訂版］

玖村敦彦

明治以来、アジア・太平洋戦争敗北にいたるまでの〈帝国主義〉が生み出した負の遺産を清算しないかぎり、隣国との和解はできるはずがない——という、原爆を体験した戦中派の元大学教授が若い世代へ向けて書き記した〈遺言〉的歴史読本。【近代・現代対照年表付き】

定価：本体二二〇〇円＋税

ノグンリ虐殺事件

君よ、我らの痛みがわかるか

鄭殷溶［翻訳］伊藤政彦［解説］松村高夫

一九五〇年七月二五日、朝鮮戦争勃発直後の韓国忠清北道（大田近く）で米軍による避難民〈皆殺し〉に巻き込まれ家族が犠牲になった著者が、自らの苦悩と向き合いながら残虐な戦争犯罪を初めて告発した衝撃のノンフィクション。この村の悲しみを世界へ——。

定価：本体三〇〇〇円＋税